Reflection Notebook

감정
노트북

: 차례 :

프롤로그 6

감정 노트북 사용법 9

1	우리는 감정에 있어 과도하게 지적이다	11
2	감정은 우리의 모든 것과 연결되어 있다	29
3	감정을 무디게 만드는 것은 수동성이다	47
4	감정이 두려운 건 참아야 하기 때문이다	65
5	이성이 인간을 만들어 낸다면, 감정은 인간을 이끌어 간다	83
6	감정에 뿌리를 두지 않은 표현은 예술이 아니다	101
7	우리의 하루하루를 괴롭히는 건 대단한 악의도, 사건도 아니다. 그저 평범한 일상 속 작은 감정들이다	119
8	욕망과 감정은 인간성의 용수철이다	137
9	감정은 우리의 정신적·사회적 삶의 풍경을 형성한다	155
10	감정은 표현할수록 새롭게 창조된다	173
11	감정은 진화가 우리 삶에 의미를 부여하는 방식이다	191
12	어떤 면에서는 글쓰기가 감정을 창조하기도 한다	209

에필로그-이름 없는 감정 227

프롤로그

감정(emotion)의 라틴어 어원은 movere로, '움직이다'라는 의미를 가지고 있습니다. 고정되지 않고 끊임없이 흐르거나 왜곡되기 때문에 조절하기 힘든 것이면서 동시에 우리가 느끼고 표현하고 움직일 수 있게 하는 에너지가 곧 감정이라고 할 수 있습니다. 이 에너지가 극단적으로 쏠리거나 증폭되거나 소멸하면서 우리에게 보내는 어떤 신호는 감정의 중요한 역할 중 하나입니다. "그 사람은 위험해. 피해!"——두려움이란 감정을 해석하면 때로 이런 신호를 읽을 수 있습니다.

흔히 어떤 감정을 두고 긍정적이다, 부정적이다라고 하지만 사실 감정 자체는 에너지이고 어떤 신호의 역할을 할 뿐 긍정적이지도 부정적이지도 않습니다. 우리가 다루기 힘든 감정을 부정적 감정으로, 비교적 표현이 수월한 감정을 긍정적 감정으로 나눈 후 부정적 감정을 무작정 억눌렀던 건 아닌지 생각해 볼 필요가 있습니다. 일단 긍정-부정의 프레임을 씌워 버리면 감정 자체에 몰두하기 힘들어집니다. 슬픔은 부정적 감정일까요? 다만 우리가 슬픔을 어떻게 해야 할지 모르는 게 아닐까요?

'내가 왜 이러지?' 화를 꾹 참고 넘겼다가 엉뚱한 곳에서 그 화가 터져 당황한 경험이 있을 겁니다. 억제되고 억압된 감정은 저절로 소멸하지 않고 예상치 못한 순간에 표출되거나 마음에 흔적을 남깁니다. 또 몸의 증상으로 나타나기도 합니다. 우리는 적절하게 화를 표현하거나, 필요한 때에 자신과 타인이 다치지 않도록 감정을 드러내는 일에 서툽니다. 쾌와 불쾌, 부정적 혹은 긍정적 구분 이외에 섬세하게 자기 감정에 이름을 붙여 볼 기회 또한 많지 않습니다.

이 워크북의 목적은 감정에 입을 달아 주는 겁니다. 감정이 자기와 맞는 언어로 말하기 시작하면, 우리는 그것을 어떤 신호와 에너지로 받아들이기 수월해집니다. 물론 매순간 '내가 왜 이런 감정을 느끼지? 이건 무슨 감정이지?'를 생각할 수는 없습니다. 그래서 언제든 짧은 시간 몰두해 워크북의 질문들에 답하는 것으로 자신을 가장 강력하게 지배했던 감정을 인식하고, 그 감정에 공감과 분석을 더하고, 표현할 수 있는 언어를 찾는 일련의 과정을 경험할 수 있도록 구성했습니다. 감정 탐색 과정과 이름 붙이기에 익숙해지면 스스로 질문을 만들고 다른 방식으로 기록하는 등 자유롭게 활용할 수도 있습니다.

본래 『종잡을 수 없는 감정에 관한 사전: 1000가지 감정』의 워크북으로 기획되었지만 사용하기에 따라 탐색할 수 있는 감정과 표현이 천 개가 되지 않을 수도, 훨씬 넘을 수도 있을 겁니다. 가령, 대상과 상황에 따라 '미움'에도 다양한 층위가 있습니다. 누군가는 그냥 좀 밉지만, 다른 누군가는 떠올리기도 싫을 만큼 밉다면 두 미움은 다르게 표현될 수 있습니다. 수십 개의 다른 미움을 느낄 수 있으며, 왜 대상에 따라 층위가 달라지는지 생각해 볼 수 있습니다. 감정을 촉발한 상황과, 당시 신체적 반응이나 심리적 반응을 떠올리며 보다 가깝고 적확한 표현을 찾는 과정은 감정 뒤의 '나'에게까지 시선이 향하는 일이 될 겁니다.

감정은 욕구나 욕망과도 긴밀하게 연결되어 있습니다. 욕구가 좌절되면 어떤 감정이 생기듯 반대로 감정을 통해 어떤 욕구가 좌절되었는지 알 수 있습니다. 탐색이 깊어지면 종종 표면적 감정 뒤의 진짜 감정과 가려진 욕망을 발견하기도 합니다. 그런 발견과 인식이 '나'를 이해하고 상황을 조금 더 객관적으로 보는 데 도움이 되리라 생각합니다. 변화는 감정의 말을 경청하는 것으로 시작됩니다. 내가 듣지 않으면 앞으로 누구도 듣지 못할 그 말들.

감정 노트북 사용법

제시된 감정들을 살펴보고 천천히 질문에 답하는 것이 기본 사용법입니다. 감정과 나를 연결하는 데 익숙해지면 매일 한 가지 감정에 몰두해 보고 관련 질문을 스스로 만들거나 긴 글을 써 보며 보다 적극적으로 활용할 수도 있습니다.

- 가장 편안하게 솔직해질 수 있는 때와 장소를 골라 매일 10분 동안 감정에 집중하는 습관을 만들어 주세요.

- 제시된 감정들을 사전에서 찾아 뜻과 용례를 확인하세요. 익숙한 듯 쓰지만 뜻을 잘못 알고 있는 경우가 있다면 기록해 두세요.

- 감정이 자주 느껴지는 상황을 감정과 함께 떠올려 보세요.

- 잘 느끼지 못하는 감정이나 익숙하지 않은 감정은 따로 메모해 두세요.

- 아직 느껴 보지 못한 감정이라면 어떤 다른 감정과 가까울지 상상력을 발휘해 보세요.

- 한 단어로 표현하기 힘든 감정은 다른 표현법을 찾으세요. 몇 개의 감정을 조합하거나, 자기만의 단어를 만들어도 좋아요.

- 무엇보다 자신의 감정에 스스로 공감해 주세요. 어떤 감정이든 가치평가하지 마세요. 좋은 감정, 나쁜 감정이 따로 있지 않아요.

"우리는 감정에 있어 과도하게 지적이다."

- 미리암 그린스팬

흥분 / 공포 / 안도감 / 부끄러움 / 부러움
자신감 / 안정감 / 후회 / 쩔쩔맴 / 즐거움
기쁨 / 분노 / 충격 / 편안함 / 질투
불안함 / 두려움 / 어이없음 / 감탄 / 만족감

○ 제시한 감정들 중 내가 좋아하는 감정과 싫어하는 감정을 찾아 보세요.

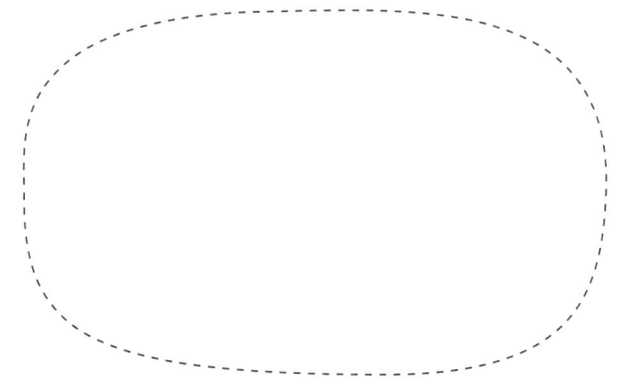

○ 좋아하는 이유와 싫어하는 이유를 써 보세요.

  (예: '즐거움'을 좋아한다. 즐거움을 느끼면 타인에게 더 친절해지고 내가 좋은 사람이 된 것 같다.)

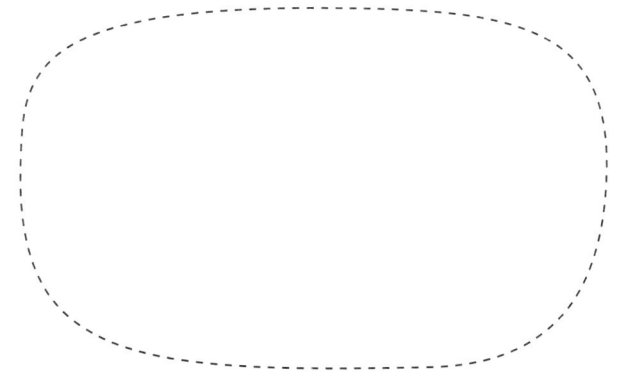

○ 흥분, 공포, 안도감, 부끄러움, 부러움을 각각 느낄 때 겉으로 드러나는 나의 생체반응이나 심리반응을 적어 보세요.

(예: 흥분했을 때 목소리가 떨린다, 공포를 느끼면 눈물이 난다 등)

흥분 :

공포 :

안도감 :

부끄러움 :

부러움 :

○ 자신감, 안정감, 후회, 쩔쩔맴, 즐거움을 각각 느낄 때 겉으로 드러나는 나의 신체적 반응이나 심리반응을 적어 보세요.

(예: 쩔쩔매면서 내가 뭘 그리 잘못했나 싶어 억울해진다 등)

자신감 :

안정감 :

후회 :

쩔쩔맴 :

즐거움 :

○ 기쁨, 분노, 충격, 편안함, 질투를 각각 느낄 때 겉으로
   드러나는 나의 생체반응이나 심리반응을 적어 보세요.

(예: 충격이 느껴지면 머릿속이 하얘진다 등)

- **기쁨** :

- **분노** :

- **충격** :

- **편안함** :

- **질투** :

○ 불안함, 두려움, 어이없음, 감탄, 만족감을 각각 느낄 때
 겉으로 드러나는 나의 생체반응이나 심리반응을 적어 보세요.

(예: 불안함을 느끼면 몸을 잠시도 가만히 두지 못한다 등)

불안함 :

두려움 :

어이없음 :

감탄 :

만족감 :

○ 오늘 또는 이번 주에 내 안에 오래 머물렀던 감정들을 적어 보세요. (예시에 없다면 직접 써 보세요.)

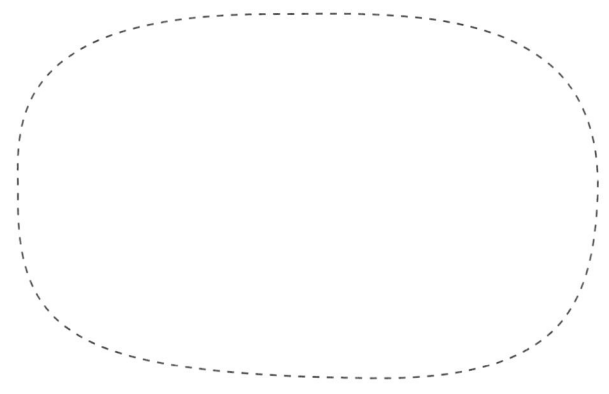

○ 그 감정을 느낀 상황을 간단한 문장으로 표현해 보세요.
(예: 내가 한 일에서 실수가 발견되어 부끄러웠다.)

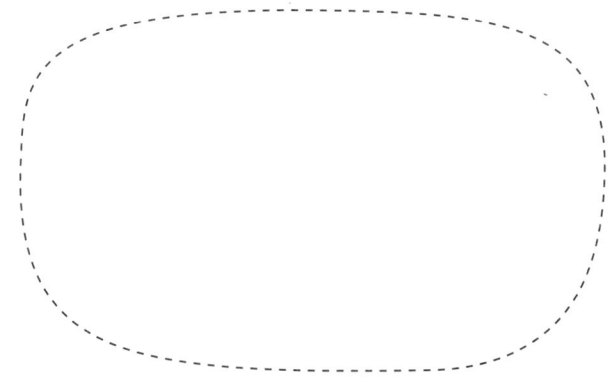

○ 제시한 감정들을 내가 아는 사람과 하나씩 연결해 보세요.
그 사람을 떠올리면 느껴지는 감정으로 연결하거나, 감정과
어울리는 사람을 묶어도 좋아요.

(예: 박보검-감탄하다)

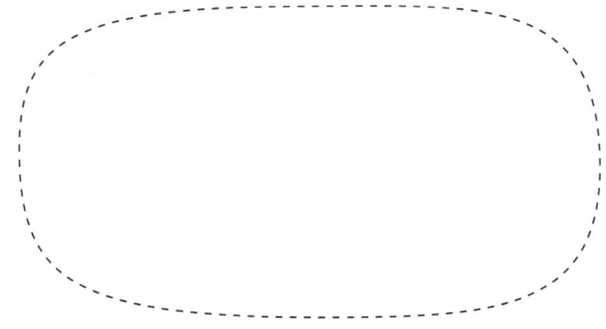

○ 감정과 사물을 연결해 보세요. 사물에게서 느껴지는 감정을
연결하거나, 사물과 어울리는 감정을 묶어도 좋아요.

(예: 질투하는 빗, 만족하는 거울, 쩔쩔매는 나무 등)

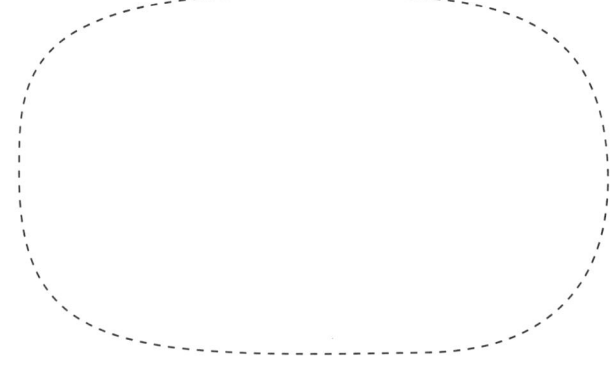

○ 흥분, 공포, 안도감, 부끄러움, 부러움 등은 각각 언제 어떤 상황에서 주로 느껴지나요? 짧은 문장으로 써 보세요.

(예: 세상에 혼자 남겨지는 상상을 하면 공포스럽다.)

흥분 :

공포 :

안도감 :

부끄러움 :

부러움 :

○ 자신감, 안정감, 후회, 쩔쩔맴, 즐거움 등은 각각 언제 어떤 상황에서 주로 느껴지나요? 짧은 문장으로 써 보세요.

(예: 순간을 못 참고 화를 내고 나면 늘 후회한다.)

자신감 :

안정감 :

후회 :

쩔쩔맴 :

즐거움 :

○ 기쁨, 분노, 충격, 편안함, 질투 등은 각각 언제 어떤 상황에서 주로 느껴지나요? 짧은 문장으로 써 보세요.

(예: 내가 한 일이 인정받았을 때 기쁘다.)

기쁨:

분노:

충격:

편안함:

질투:

○ 불안함, 두려움, 어이없음, 감탄, 만족감 등은 각각 언제 어떤 상황에서 주로 느껴지나요? 짧은 문장으로 써 보세요.

(예: 나는 늘 타인을 실망시킬까봐 두렵다.)

불안함 :

두려움 :

어이없음 :

감탄 :

만족감 :

긴 글 쓰기 ①

○ 제시된 감정들 중 자신이 가장 다루기 힘든 감정을 고르세요. 그 감정을 떠올리면서 다음 질문에 답하세요.

• 그 감정을 느낄 때 가장 많이 하는 생각은 무엇인가요?

• 그 감정을 느낄 때 나는 어떤 행동이나 반응을 하나요?

• 그 감정을 자주 느끼게 하는 타인이 있나요? 있다면 이름과 관계를 써 보세요.

- 그 감정을 느끼게 하는 타인의 말이나 행동 또는 상황을 써 보세요.

- 그 감정을 내가 마음대로 할 수 있다면 어떻게 하고 싶은가요?

- 앞의 질문에 대한 답을 재료삼아, 가장 다루기 힘든 감정에 대해 친구에게 설명하듯 써 보세요.

긴 글 쓰기 ②

○ 다루기 힘든 감정과 관련해 가장 최근에 겪은 일을 떠올려 보세요. 인물, 대화, 공간과 시간적 배경, 사건 등으로 감정이 느껴진 실제 상황을 묘사해 보세요.

"감정은 우리의 모든 것과 연결되어 있다."

– 메리 라미아

**수치심 / 김 샘 / 씁쓸함 / 자부심 / 화남
소름끼치는 / 경탄하는 / 벅참 / 아찔함 / 아쉬움
짜증 / 뿌듯함 / 근심 / 신경질나는 / 경멸
초조함 / 멋쩍음 / 열망 / 긴장감 / 쓰라림**

○ 제시한 감정들 중 내가 좋아하는 감정과 싫어하는 감정을 찾아 보세요.

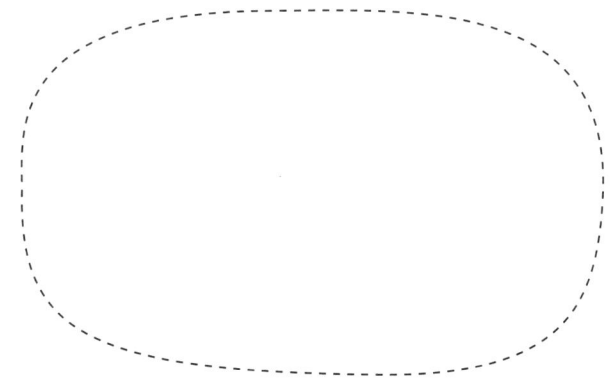

○ 좋아하는 이유와 싫어하는 이유를 써 보세요.
(예: '뿌듯함'을 좋아한다. 뭔가 보상받은 기분이 들기 때문이다.)

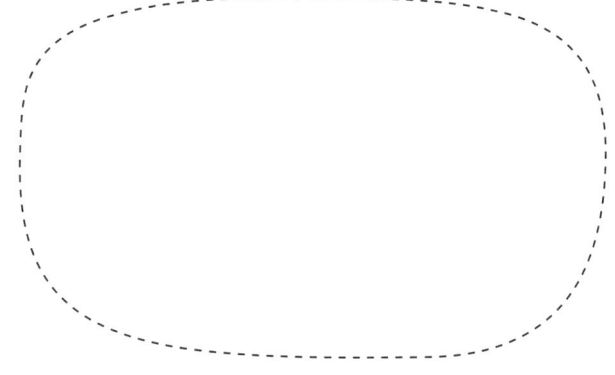

○ 수치심, 김 샘, 쓸쓸함, 자부심, 화남을 각각 느낄 때 겉으로 드러나는 나의 생체반응이나 심리반응을 적어 보세요.

(예: 수치심을 느낄 때 손이 떨린다 등)

수치심 :

김 샘 :

쓸쓸함 :

자부심 :

화남 :

○ 소름끼침, 경탄, 벅참, 아찔함, 아쉬움을 각각 느낄 때 겉으로 드러나는 나의 신체적 반응이나 심리반응을 적어 보세요.

(예: 소름끼칠 때 머리카락이 쭈뼛 선다 등)

소름끼침 :

경탄 :

벅참 :

아찔함 :

아쉬움 :

○ 짜증, 뿌듯함, 근심, 신경질나는, 경멸을 각각 느낄 때 겉으로 드러나는 나의 생체반응이나 심리반응을 적어 보세요.

(예: 짜증이 나면 그 기분을 풀 수 있는 무언가를 찾게 된다 등)

짜증 :

뿌듯함 :

근심 :

신경질나는 :

경멸 :

○ 초조함, 멋쩍음, 열망, 긴장감, 쓰라림을 각각 느낄 때 겉으로 드러나는 나의 생체반응이나 심리반응을 적어 보세요.

(예: 멋쩍을 때마다 혀를 낼름 내민다 등)

초조함 :

멋쩍음 :

열망 :

긴장감 :

쓰라림 :

○ 오늘 또는 이번 주에 내 안에 오래 머물렀던 감정들을 적어 보세요. (예시에 없다면 직접 써 보세요.)

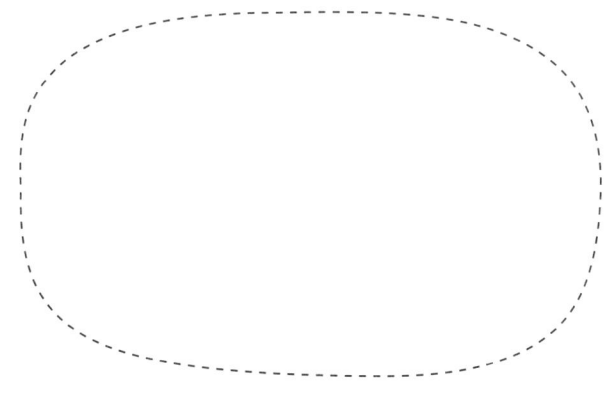

○ 그 감정을 느낀 상황을 간단한 문장으로 표현해 보세요.
(예: 기대했던 여행이 취소되어서 김이 샜다.)

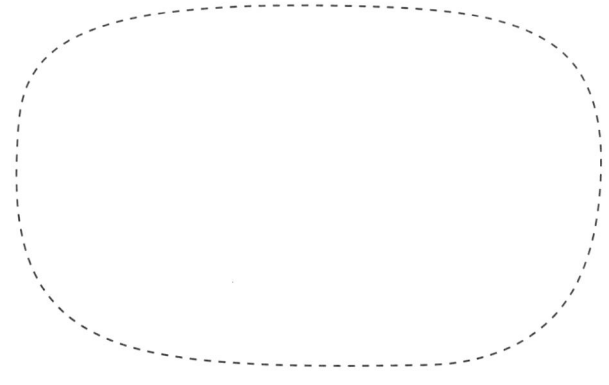

○ 제시한 감정들을 내가 아는 사람과 하나씩 연결해 보세요. 그 사람을 떠올리면 느껴지는 감정으로 연결하거나, 감정과 어울리는 사람을 묶어도 좋아요. (예: 어려워하는 사람의 이름- 긴장하다)

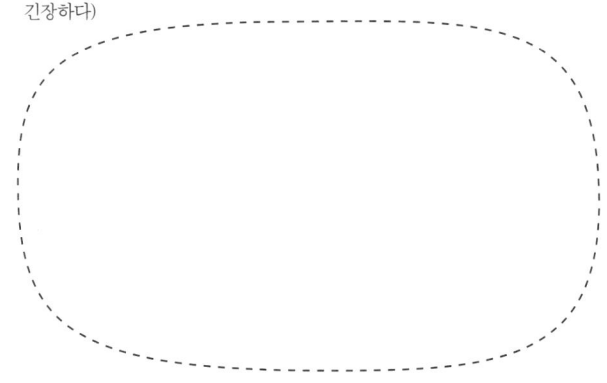

○ 감정과 사물을 연결해 보세요. 사물에게서 느껴지는 감정을 연결하거나, 사물과 어울리는 감정을 묶어도 좋아요.
(예: 화난 이쑤시개, 짜증난 컴퓨터, 초조한 양말 등)

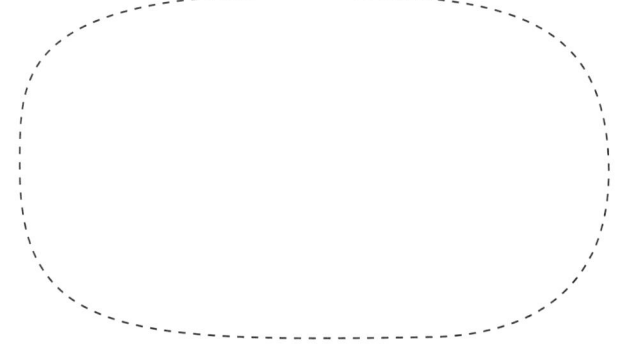

○ 수치심, 김 샘, 쓸쓸함, 자부심, 화남 등은 각각 언제 어떤 상황에서 주로 느껴지나요? 짧은 문장으로 써 보세요.

(예: 거짓말이 들통났을 때 수치심을 느낀다.)

수치심 :

김 샘 :

쓸쓸함 :

자부심 :

화남 :

○ 소름끼침, 경탄, 벅참, 아찔함, 아쉬움 등은 각각 언제 어떤 상황에서 주로 느껴지나요? 짧은 문장으로 써 보세요.

(예: 좋아하는 친구와 만나고 헤어질 때 아쉽다.)

소름끼침 :

경탄 :

벅참 :

아찔함 :

아쉬움 :

○ 짜증, 뿌듯함, 근심, 신경질나는, 경멸 등은 각각 언제 어떤 상황에서 주로 느껴지나요? 짧은 문장으로 써 보세요.

(예: 매번 양말을 뒤집어놓는 남편 때문에 짜증난다.)

짜증 :

뿌듯함 :

근심 :

신경질나는 :

경멸 :

○ 초조함, 멋쩍음, 열망, 긴장감, 쓰라림 등은 각각 언제 어떤 상황에서 주로 느껴지나요? 짧은 문장으로 써 보세요.

(예: 모처럼 타인을 친절하게 대했는데 별로 고마워하지 않을 때 멋쩍다.)

초조함:

멋쩍음:

열망:

긴장감:

쓰라림:

긴 글 쓰기 ①

○ 제시된 감정들 중 자신이 가장 다루기 힘든 감정을 고르세요.
  그 감정을 떠올리면서 다음 질문에 답하세요.

- 그 감정을 느낄 때 가장 많이 하는 생각은 무엇인가요?

- 그 감정을 느낄 때 나는 어떤 행동이나 반응을 하나요?

- 그 감정을 자주 느끼게 하는 타인이 있나요? 있다면 이름과
  관계를 써 보세요.

- 그 감정을 느끼게 하는 타인의 말이나 행동 또는 상황을 써 보세요.

- 그 감정을 내가 마음대로 할 수 있다면 어떻게 하고 싶은가요?

- 앞의 질문에 대한 답을 재료삼아, 가장 다루기 힘든 감정에 대해 친구에게 설명하듯 써 보세요.

긴 글 쓰기 ②

○ 다루기 힘든 감정과 관련해 가장 최근에 겪은 일을 떠올려 보세요. 인물, 대화, 공간과 시간적 배경, 사건 등으로 감정이 느껴진 실제 상황을 묘사해 보세요.

"감정을 무디게 만드는 것은 수동성이다."

- 수전 손택

**쾌감 / 불길함 / 까무러치는 / 반발심 / 황홀함
허무함 / 무력함 / 다행스러운 / 야심 / 행복
동경 / 애석함 / 허영심 / 분함 / 기대감
좌절감 / 조바심 / 확신하는 / 희열 / 지루함**

○ 제시한 감정들 중 내가 좋아하는 감정과 싫어하는 감정을 찾아 보세요.

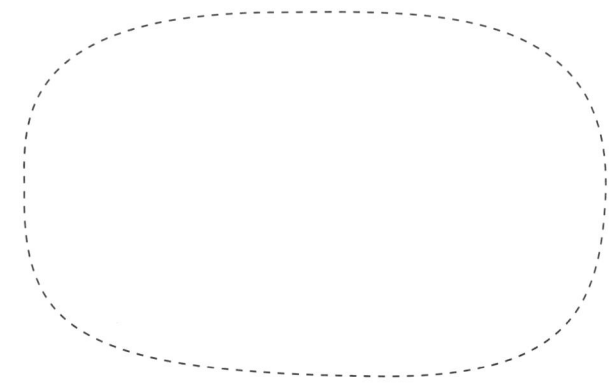

○ 좋아하는 이유와 싫어하는 이유를 써 보세요.

(예: '허영심'을 싫어한다. 죄책감이 따라오기 때문이다.)

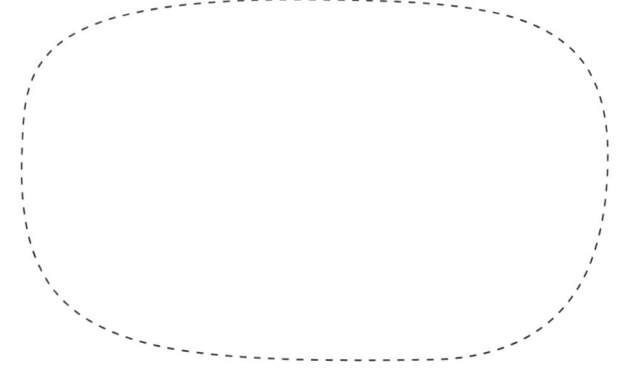

○ 쾌감, 불길함, 까무러치는, 반발심, 황홀함을 각각 느낄 때 겉으로 드러나는 나의 생체반응이나 심리반응을 적어 보세요.

(예: 쾌감을 느낄 때 몸이 가벼워진다 등)

쾌감 :

불길함 :

까무러치는 :

반발심 :

황홀함 :

○ 허무함, 무력함, 다행스러움, 야심, 행복을 각각 느낄 때 겉으로 드러나는 나의 신체적 반응이나 심리반응을 적어 보세요. (예: 무력함을 느낄 때 하루종일 누워 있게 된다 등)

> 허무함 :

> 무력함 :

> 다행스러움 :

> 야심 :

> 행복 :

○ 동경, 애석함, 허영심, 분함, 기대감을 각각 느낄 때 겉으로
 드러나는 나의 생체반응이나 심리반응을 적어 보세요.
 (예: 동경하는 대상 앞에서는 수줍어진다 등)

> 동경 :

> 애석함 :

> 허영심 :

> 분함 :

> 기대감 :

○ 좌절감, 조바심, 확신하는, 희열, 지루함을 각각 느낄 때
겉으로 드러나는 나의 생체반응이나 심리반응을 적어 보세요.
(예: 좌절감이 느껴질 때 나를 탓하는 버릇이 있다 등)

좌절감 :

조바심 :

확신하는 :

희열 :

지루함 :

○ 오늘 또는 이번 주에 내 안에 오래 머물렀던 감정들을 적어 보세요. (예시에 없다면 직접 써 보세요.)

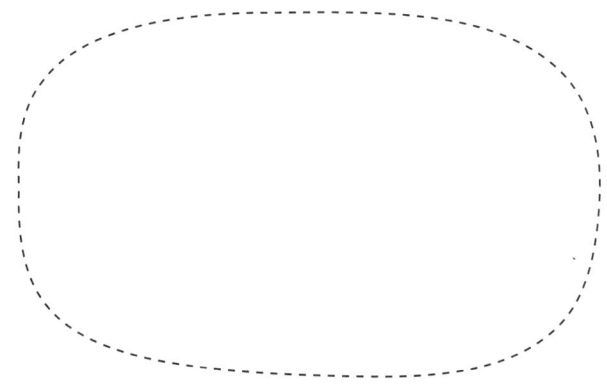

○ 그 감정을 느낀 상황을 간단한 문장으로 표현해 보세요.
(예: 다들 내가 하지도 않은 말을 믿고 있어서 너무 허무해졌다.)

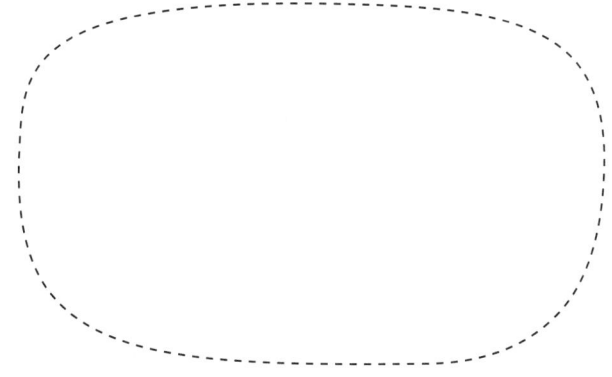

○ 제시한 감정들을 내가 아는 사람과 하나씩 연결해 보세요.
그 사람을 떠올리면 느껴지는 감정으로 연결하거나, 감정과
어울리는 사람을 묶어도 좋아요.

(예: 고마운 사람 이름-다행이다)

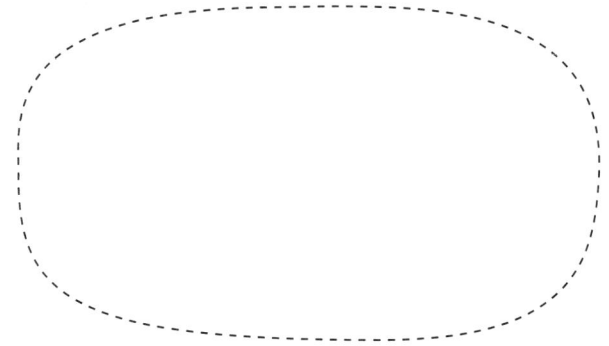

○ 감정과 사물을 연결해 보세요. 사물에게서 느껴지는 감정을
연결하거나, 사물과 어울리는 감정을 묶어도 좋아요.

(예: 불길한 어둠, 반발하는 샤프, 황홀한 거울 등)

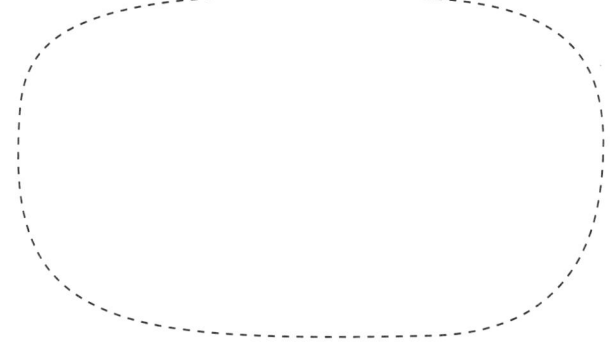

○ 쾌감, 불길함, 까무러치는, 반발심, 황홀함 등은 각각 언제 어떤 상황에서 주로 느껴지나요? 짧은 문장으로 써 보세요.

(예: 아침부터 자꾸 이상한 일이 생기는 게 어째 불길하다.)

쾌감 :

불길함 :

까무러치는 :

반발심 :

황홀함 :

○ 허무함, 무력함, 다행스러움, 야심, 행복 등은 각각 언제 어떤 상황에서 주로 느껴지나요? 짧은 문장으로 써 보세요.

(예: 힘들어하는 사람에게 내가 해줄 수 있는 일이 없어 무력함이 느껴진다.)

허무함 :

무력함 :

다행스러움 :

야심 :

행복 :

○ 동경, 애석함, 허영심, 분함, 기대감 등은 각각 언제 어떤 상황에서 주로 느껴지나요? 짧은 문장으로 써 보세요.

(예: 백화점에 가면 허영심을 자극받는 것 같다.)

동경 :

애석함 :

허영심 :

분함 :

기대감 :

○ 좌절감, 조바심, 확신하는, 희열, 지루함 등은 각각 언제 어떤 상황에서 주로 느껴지나요? 짧은 문장으로 써 보세요.

(예: 애를 써도 안 되는 일이란 게 있다는 걸 알지만 매번 좌절한다.)

좌절감 :

조바심 :

확신하는 :

희열 :

지루함 :

긴 글 쓰기 ①

○ 제시된 감정들 중 자신이 가장 다루기 힘든 감정을 고르세요.
  그 감정을 떠올리면서 다음 질문에 답하세요.

• 그 감정을 느낄 때 가장 많이 하는 생각은 무엇인가요?

• 그 감정을 느낄 때 나는 어떤 행동이나 반응을 하나요?

• 그 감정을 자주 느끼게 하는 타인이 있나요? 있다면 이름과 관계를 써 보세요.

- 그 감정을 느끼게 하는 타인의 말이나 행동 또는 상황을 써 보세요.

- 그 감정을 내가 마음대로 할 수 있다면 어떻게 하고 싶은가요?

- 앞의 질문에 대한 답을 재료삼아, 가장 다루기 힘든 감정에 대해 친구에게 설명하듯 써 보세요.

긴 글 쓰기 ②

○ 다루기 힘든 감정과 관련해 가장 최근에 겪은 일을 떠올려 보세요. 인물, 대화, 공간과 시간적 배경, 사건 등으로 감정이 느껴진 실제 상황을 묘사해 보세요.

"감정이 두려운 건 참아야 하기 때문이다."
- 크리스텔 프티콜랭

안쓰러운 / 외로움 / 비겁함 / 경외감 / 우울
난처함 / 고마움 / 유감스러운 / 언짢음 / 간절함
괴로움 / 격노하는 / 불신감 / 싫증 / 걱정
들썩임 / 원한 / 충동 / 당혹감 / 고요함

○ 제시한 감정들 중 내가 좋아하는 감정과 싫어하는 감정을 찾아 보세요.

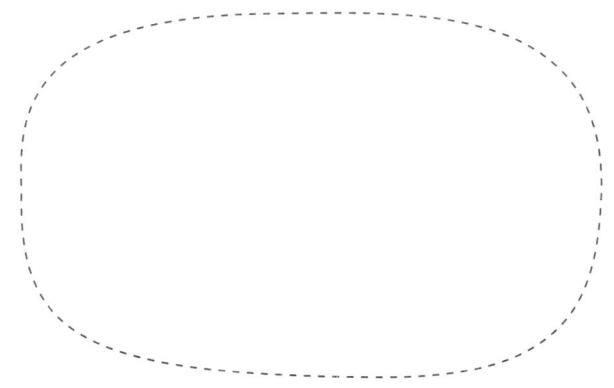

○ 좋아하는 이유와 싫어하는 이유를 써 보세요.
(예: '외로움'을 싫어한다. 뭘 어떻게 해야 할지 모르겠기 때문이다.)

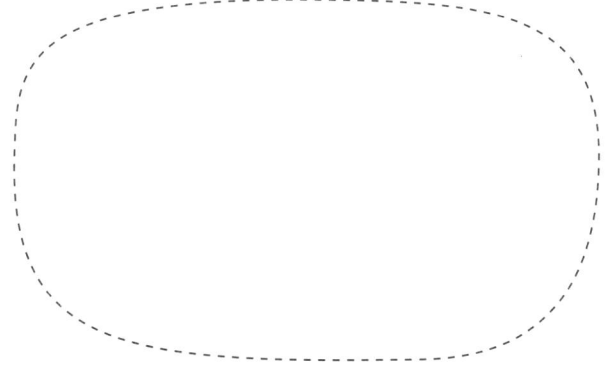

○ 안쓰러운, 외로움, 비겁함, 경외감, 우울을 각각 느낄 때
 겉으로 드러나는 나의 생체반응이나 심리반응을 적어 보세요.
 (예: 안쓰러움을 느낄 때 괜히 눈물이 난다 등)

안쓰러운 :

외로움 :

비겁함 :

경외감 :

우울 :

○ 난처함, 고마움, 유감스러운, 언짢음, 간절함을 각각 느낄 때 겉으로 드러나는 나의 신체적 반응이나 심리반응을 적어 보세요. (예: 간절함이 느껴질 때 두 손을 모으게 된다 등)

난처함 :

고마움 :

유감스러운 :

언짢음 :

간절함 :

○ 괴로움, 격노하는, 불신감, 싫증, 걱정을 각각 느낄 때 겉으로 드러나는 나의 생체반응이나 심리반응을 적어 보세요.

(예: 격노하면 눈이 충혈된다 등)

괴로움 :

격노하는 :

불신감 :

싫증 :

걱정 :

○ 들썩임, 원한, 충동, 당혹감, 고요함을 각각 느낄 때 겉으로
  드러나는 나의 생체반응이나 심리반응을 적어 보세요.
  (예: 뭔가 저지르고 싶은 충동이 생기면 애써 누른다 등)

들썩임 :

원한 :

충동 :

당혹감 :

고요함 :

○ 오늘 또는 이번 주에 내 안에 오래 머물렀던 감정들을 적어 보세요. (예시에 없다면 직접 써 보세요.)

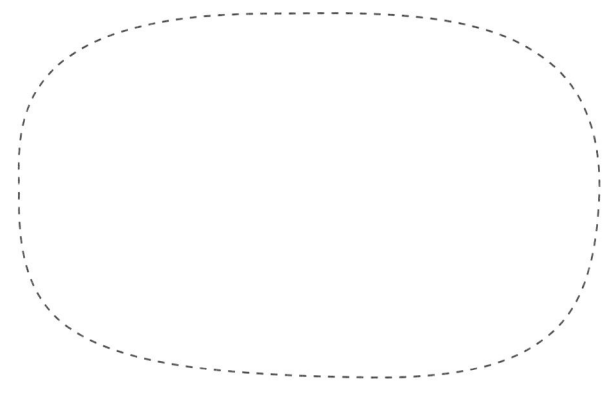

○ 그 감정을 느낀 상황을 간단한 문장으로 표현해 보세요.
(예: 그동안 쌓였던 게 터지면서 격노했다.)

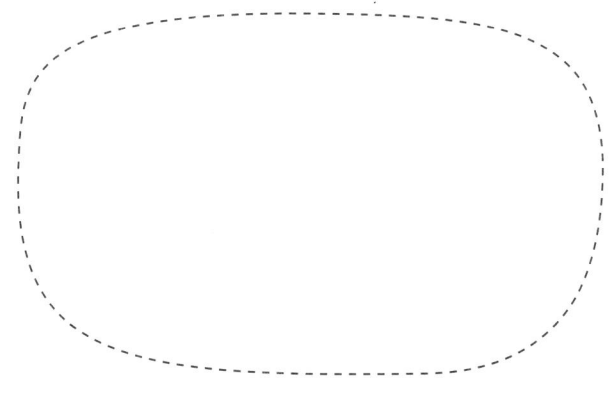

○ 제시한 감정들을 내가 아는 사람과 하나씩 연결해 보세요.
  그 사람을 떠올리면 느껴지는 감정으로 연결하거나, 감정과
  어울리는 사람을 묶어도 좋아요.

  (예: 따뜻한 친구 이름-고맙다)

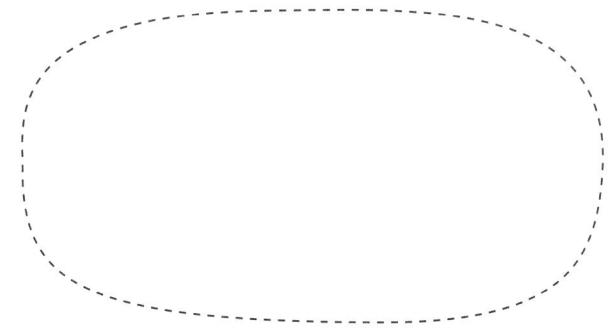

○ 감정과 사물을 연결해 보세요. 사물에게서 느껴지는 감정을
  연결하거나, 사물과 어울리는 감정을 묶어도 좋아요.

  (예: 난처한 마우스, 언짢은 가방, 걱정하는 창문 등)

○ 안쓰러운, 외로움, 비겁함, 경외감, 우울 등은 각각 언제 어떤 상황에서 주로 느껴지나요? 짧은 문장으로 써 보세요.

(예: 허겁지겁 사료를 먹는 길냥이를 보면 안쓰럽다.)

안쓰러운 :

외로움 :

비겁함 :

경외감 :

우울 :

○ 난처함, 고마움, 유감스러운, 언짢음, 간절함 등은 각각 언제 어떤 상황에서 주로 느껴지나요? 짧은 문장으로 써 보세요.

(예: 카페에 가서 주문을 하고서야 지갑을 놓고 온 걸 알고 난처해졌다.)

난처함 :

고마움 :

유감스러운 :

언짢음 :

간절함 :

○ 괴로움, 격노하는, 불신감, 싫증, 걱정 등은 각각 언제 어떤 상황에서 주로 느껴지나요? 짧은 문장으로 써 보세요.
(예: 내가 좋아하는 사람에게 큰 실수를 한 것 같아 괴롭다.)

괴로움 :

격노하는 :

불신감 :

싫증 :

걱정 :

○ 들썩임, 원한, 충동, 당혹감, 고요함 등은 각각 언제 어떤 상황에서 주로 느껴지나요? 짧은 문장으로 써 보세요.

(예: 그에게 쌓인 감정이 많아서 점점 깊은 원한이 되어 간다.)

들썩임 :

원한 :

충동 :

당혹감 :

고요함 :

긴 글 쓰기 ①

○ 제시된 감정들 중 자신이 가장 다루기 힘든 감정을 고르세요. 그 감정을 떠올리면서 다음 질문에 답하세요.

• 그 감정을 느낄 때 가장 많이 하는 생각은 무엇인가요?

• 그 감정을 느낄 때 나는 어떤 행동이나 반응을 하나요?

• 그 감정을 자주 느끼게 하는 타인이 있나요? 있다면 이름과 관계를 써 보세요.

- 그 감정을 느끼게 하는 타인의 말이나 행동 또는 상황을 써 보세요.

- 그 감정을 내가 마음대로 할 수 있다면 어떻게 하고 싶은가요?

- 앞의 질문에 대한 답을 재료삼아, 가장 다루기 힘든 감정에 대해 친구에게 설명하듯 써 보세요.

긴 글 쓰기 ②

○ 다루기 힘든 감정과 관련해 가장 최근에 겪은 일을 떠올려 보세요. 인물, 대화, 공간과 시간적 배경, 사건 등으로 감정이 느껴진 실제 상황을 묘사해 보세요.

"이성이 인간을 만들어 낸다면,
감정은 인간을 이끌어 간다."

- 장 자크 루소

실망감 / 야망 / 머뭇거림 / 두근거림 / 황망함
놀람 / 으쓱함 / 까마득함 / 성취감 / 혼란스러움
민망함 / 사랑스러움 / 만감 / 공황상태 / 흐뭇함
회한 / 고독감 / 자랑스러움 / 경이로움 / 충만감

○ 제시한 감정들 중 내가 좋아하는 감정과 싫어하는 감정을 찾아 보세요.

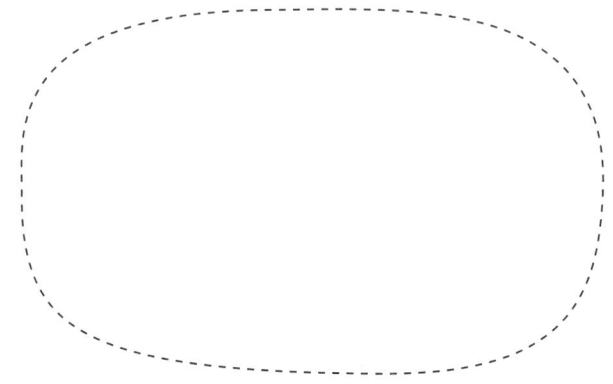

○ 좋아하는 이유와 싫어하는 이유를 써 보세요.
  (예: 까마득함이 느껴지면 힘이 빠진다. 그래서 싫어한다 등)

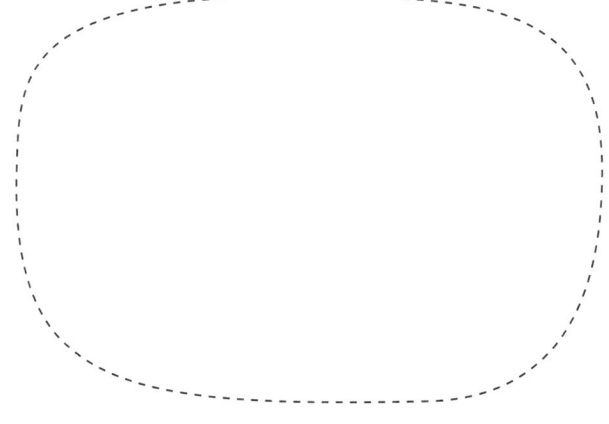

○ 실망감, 야망, 머뭇거림, 두근거림, 황망함을 각각 느낄 때 겉으로 드러나는 나의 생체반응이나 심리반응을 적어 보세요.

(예: 뭐든 실망하면 종일 시무룩 있게 되고 입맛이 없다 등)

실망감 :

야망 :

머뭇거림 :

두근거림 :

황망함 :

○ 놀람, 으쓱함, 까마득함, 성취감, 혼란스러움을 각각 느낄 때 겉으로 드러나는 나의 신체적 반응이나 심리반응을 적어 보세요. (예: 혼란스러우면 실제로 머리가 어지럽다 등)

놀람 :

으쓱함 :

까마득함 :

성취감 :

혼란스러움 :

○ 민망함, 사랑스러움, 만감, 공황상태, 흐뭇함을 각각 느낄 때
 겉으로 드러나는 나의 생체반응이나 심리반응을 적어 보세요.
(예: 사랑스러움이 느껴지면 나도 모르게 웃고 있다 등)

민망함 :

사랑스러움 :

만감 :

공황상태 :

흐뭇함 :

○ 회한, 고독감, 자랑스러움, 경이로움, 충만감을 각각 느낄 때 겉으로 드러나는 나의 생체반응이나 심리반응을 적어 보세요.
(예: 지난 일들에 회한이 들면 이게 늙는 건가 하는 생각이 든다 등)

회한 :

고독감 :

자랑스러움 :

경이로움 :

충만감 :

○ 오늘 또는 이번 주에 내 안에 오래 머물렀던 감정들을 적어
보세요. (예시에 없다면 직접 써 보세요.)

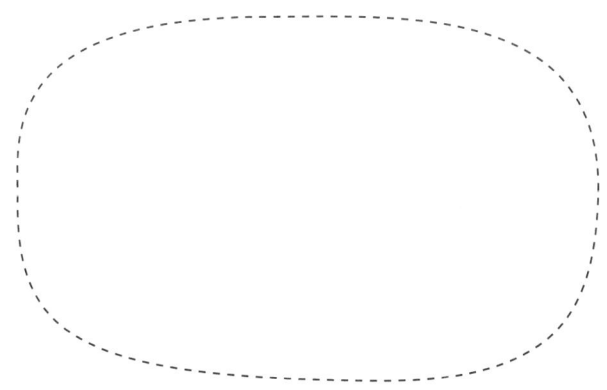

○ 그 감정을 느낀 상황을 간단한 문장으로 표현해 보세요.
(예: 오랜만에 미술관에 가서 르네상스 시대 작품들을 보고 경이로움을
느꼈다 등)

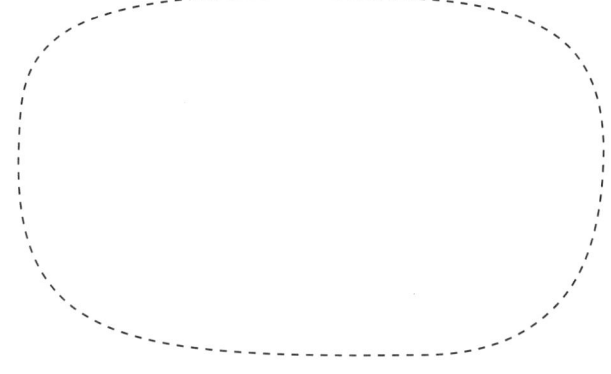

○ 제시한 감정들을 내가 아는 사람과 하나씩 연결해 보세요. 그 사람을 떠올리면 느껴지는 감정으로 연결하거나, 감정과 어울리는 사람을 묶어도 좋아요.

(예: 좋아하는 작가 이름-고독하다)

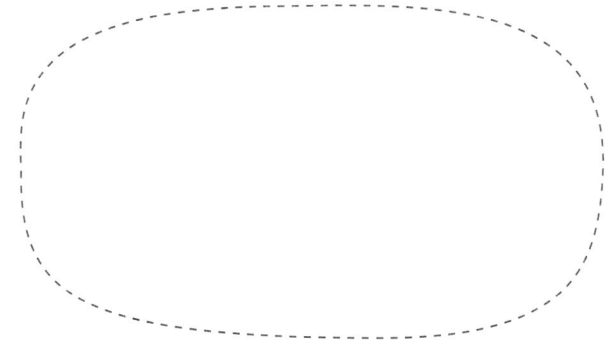

○ 감정과 사물을 연결해 보세요. 사물에게서 느껴지는 감정을 연결하거나, 사물과 어울리는 감정을 묶어도 좋아요.

(예: 민망한 이어폰, 공황상태의 백지, 충만한 베개 등)

○ 실망감, 야망, 머뭇거림, 두근거림, 황망함 등은 각각 언제 어떤 상황에서 주로 느껴지나요? 짧은 문장으로 써 보세요.

(예: 부탁을 받고 선뜻 말을 못한 채 머뭇거렸다.)

실망감 :

야망 :

머뭇거림 :

두근거림 :

황망함 :

○ 놀람, 으쓱함, 까마득함, 성취감, 혼란스러움 등은 각각 언제 어떤 상황에서 주로 느껴지나요? 짧은 문장으로 써 보세요.

(예: 두 사람이 전혀 다른 사실을 말하고 있어서 혼란스럽다.)

놀람 :

으쓱함 :

까마득함 :

성취감 :

혼란스러움 :

○ 민망함, 사랑스러움, 만감, 공황상태, 흐뭇함 등은 각각 언제 어떤 상황에서 주로 느껴지나요? 짧은 문장으로 써보세요.

(예: 오래 고생했던 일이 마침내 마무리가 된 후 만감이 교차했다.)

민망함:

사랑스러움:

만감:

공황상태:

흐뭇함:

○ 회한, 고독감, 자랑스러움, 경이로움, 충만감 등은 각각 언제 어떤 상황에서 주로 느껴지나요? 짧은 문장으로 써 보세요.

(예: 나를 잘 이해하는 사람과의 대화에서는 충만함이 느껴진다.)

회한 :

고독감 :

자랑스러움 :

경이로움 :

충만감 :

긴 글쓰기 ①

○ 제시된 감정들 중 자신이 가장 다루기 힘든 감정을 고르세요. 그 감정을 떠올리면서 다음 질문에 답하세요.

• 그 감정을 느낄 때 가장 많이 하는 생각은 무엇인가요?

• 그 감정을 느낄 때 나는 어떤 행동이나 반응을 하나요?

• 그 감정을 자주 느끼게 하는 타인이 있나요? 있다면 이름과 관계를 써 보세요.

- 그 감정을 느끼게 하는 타인의 말이나 행동 또는 상황을 써 보세요.

- 그 감정을 내가 마음대로 할 수 있다면 어떻게 하고 싶은가요?

- 앞의 질문에 대한 답을 재료삼아, 가장 다루기 힘든 감정에 대해 친구에게 설명하듯 써 보세요.

긴 글 쓰기 ②

○ 다루기 힘든 감정과 관련해 가장 최근에 겪은 일을 떠올려 보세요. 인물, 대화, 공간과 시간적 배경, 사건 등으로 감정이 느껴진 실제 상황을 묘사해 보세요.

"감정에 뿌리를 두지 않은 표현은 예술이 아니다."

- 얀 마텔

망설임 / 부담감 / 죄책감 / 감동 / 낭패감

갈망 / 체념 / 거북함 / 자의식 / 고소함

숙연함 / 감격 / 패배감 / 의혹 / 센티멘털

따뜻함 / 불편함 / 의구심 / 찝찝함 / 조급함

○ 제시한 감정들 중 내가 좋아하는 감정과 싫어하는 감정을 찾아 보세요.

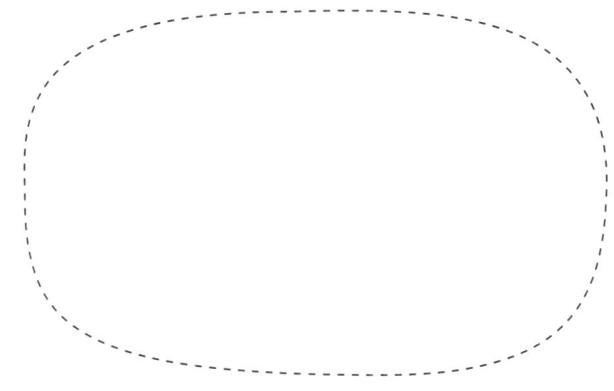

○ 좋아하는 이유와 싫어하는 이유를 써 보세요.
(예: 부담이 느껴지면 자연스러운 내 모습을 보여 줄 수 없어서 싫어한다 등)

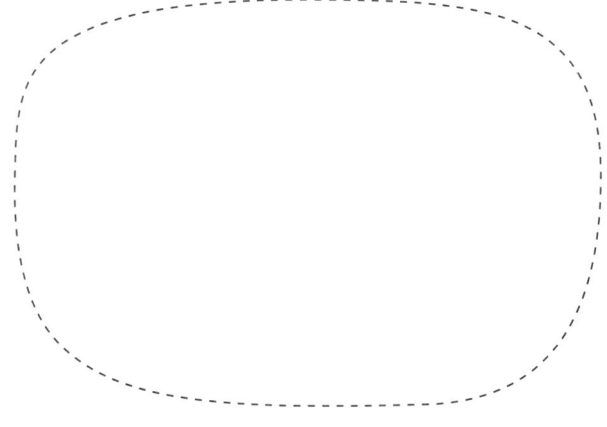

○ 망설임, 부담감, 죄책감, 감동, 낭패감을 각각 느낄 때 겉으로 드러나는 나의 생체반응이나 심리반응을 적어 보세요.

(예: 어떤 사람에게 죄책감이 느껴지면 그를 피하게 된다 등)

망설임 :

부담감 :

죄책감 :

감동 :

낭패감 :

○ 갈망, 체념, 거북함, 자의식, 고소함을 각각 느낄 때 겉으로 드러나는 나의 신체적 반응이나 심리반응을 적어 보세요.

(예: 자의식이 들 때 갑자기 모든 게 어색해진다 등)

갈망 :

체념 :

거북함 :

자의식 :

고소함 :

○ 숙연함, 감격, 패배감, 의혹, 센티멘털을 각각 느낄 때 겉으로 드러나는 나의 생체반응이나 심리반응을 적어 보세요.

(예: 센티멘털해지면 따뜻한 물에 목욕을 하고 싶어진다 등)

- 숙연함 :

- 감격 :

- 패배감 :

- 의혹 :

- 센티멘털 :

○ 따뜻함, 불편함, 의구심, 찝찝함, 조급함을 각각 느낄 때
  겉으로 드러나는 나의 생체반응이나 심리반응을 적어 보세요.
  (예: 불편함이 느껴지면 나도 모르게 눈을 자꾸 깜빡인다 등)

따뜻함 :

불편함 :

의구심 :

찝찝함 :

조급함 :

○ 오늘 또는 이번 주에 내 안에 오래 머물렀던 감정들을 적어 보세요. (예시에 없다면 직접 써 보세요.)

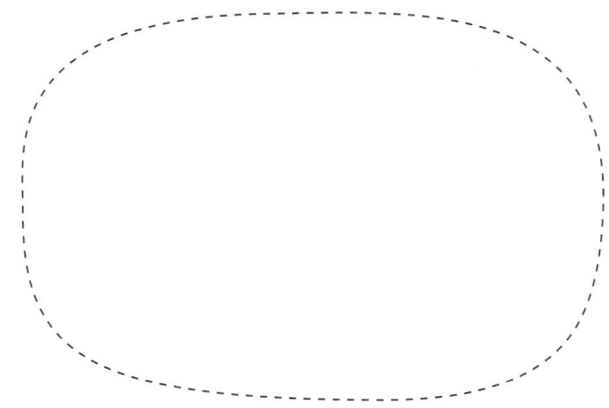

○ 그 감정을 느낀 상황을 간단한 문장으로 표현해 보세요.

(예: 세월호 유가족들이 앞장서서 걷자 주변이 숙연해졌다 등)

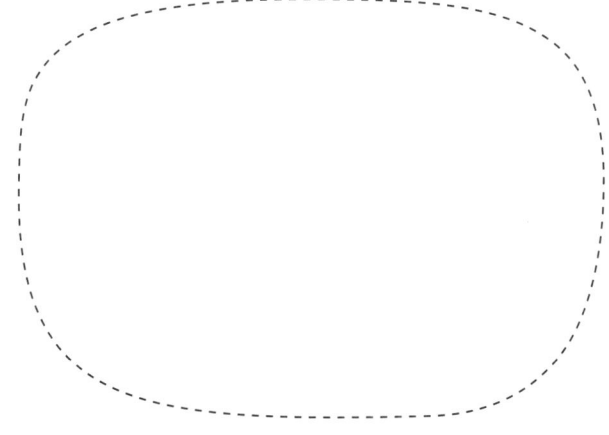

○ 제시한 감정들을 내가 아는 사람과 하나씩 연결해 보세요. 그 사람을 떠올리면 느껴지는 감정으로 연결하거나, 감정과 어울리는 사람을 묶어도 좋아요.

(예: 반려동물 이름-따뜻하다)

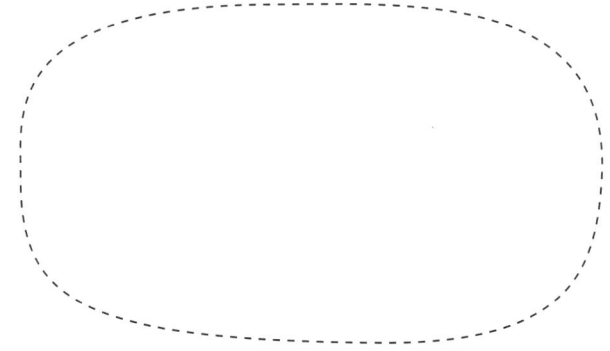

○ 감정과 사물을 연결해 보세요. 사물에게서 느껴지는 감정을 연결하거나, 사물과 어울리는 감정을 묶어도 좋아요.

(예: 감격한 마스크, 찝찝해하는 립밤, 노란색의 감동 등)

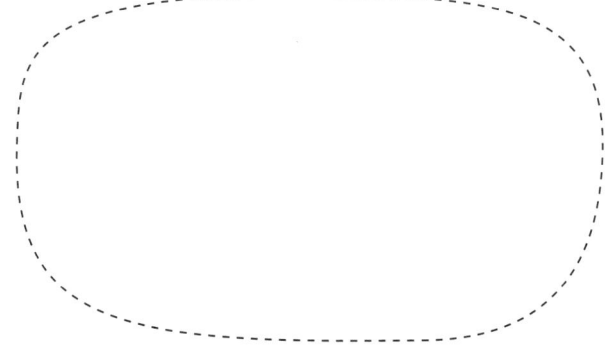

○ 망설임, 부담감, 죄책감, 감동, 낭패감 등은 각각 언제 어떤 상황에서 주로 느껴지나요? 짧은 문장으로 써 보세요.

(예: 내가 잘하지 못하는 일을 잘해야 할 때 부담감을 느낀다.)

망설임 :

부담감 :

죄책감 :

감동 :

낭패감 :

○ 갈망, 체념, 거북함, 자의식, 고소함 등은 각각 언제 어떤 상황에서 주로 느껴지나요? 짧은 문장으로 써보세요.

(예: 10번 이상 같은 조언을 했지만 변하지 않는 사람이라면 체념한다.)

갈망 :

체념 :

거북함 :

자의식 :

고소함 :

○ 숙연함, 감격, 패배감, 의혹, 센티멘털 등은 각각 언제 어떤 상황에서 주로 느껴지나요? 짧은 문장으로 써 보세요.

(예: 믿을 수 없는 일들이 사실로 밝혀지자 이제는 모든 일에 의혹을 갖게 된다.)

숙연함 :

감격 :

패배감 :

의혹 :

센티멘털 :

○ 따뜻함, 불편함, 의구심, 찝찝함, 조급함 등은 각각 언제 어떤 상황에서 주로 느껴지나요? 짧은 문장으로 써보세요.

(예: 내 앞에서 자주 남 험담을 하는 사람은 어디 가서 내 얘기도 저렇게 하지 않을까 의구심이 든다.)

따뜻함 :

불편함 :

의구심 :

찝찝함 :

조급함 :

긴 글 쓰기 ①

○ 제시된 감정들 중 자신이 가장 다루기 힘든 감정을 고르세요. 그 감정을 떠올리면서 다음 질문에 답하세요.

• 그 감정을 느낄 때 가장 많이 하는 생각은 무엇인가요?

• 그 감정을 느낄 때 나는 어떤 행동이나 반응을 하나요?

• 그 감정을 자주 느끼게 하는 타인이 있나요? 있다면 이름과 관계를 써 보세요.

- 그 감정을 느끼게 하는 타인의 말이나 행동 또는 상황을 써 보세요.

- 그 감정을 내가 마음대로 할 수 있다면 어떻게 하고 싶은가요?

- 앞의 질문에 대한 답을 재료삼아, 가장 다루기 힘든 감정에 대해 친구에게 설명하듯 써 보세요.

긴 글 쓰기 ②

○ 다루기 힘든 감정과 관련해 가장 최근에 겪은 일을 떠올려 보세요. 인물, 대화, 공간과 시간적 배경, 사건 등으로 감정이 느껴진 실제 상황을 묘사해 보세요.

"우리의 하루하루를 괴롭히는 건
대단한 악의도, 사건도 아니다.
그저 평범한 일상 속 작은 감정들이다."

- 얀 마텔

반가움 / 허탈함 / 오매불망 / 겸연쩍음 / 친숙함

자기연민 / 생경함 / 안락함 / 껄끄러운 / 불만

정겨움 / 익숙함 / 달뜸 / 얄미움 / 놀라움

신경쓰임 / 불쾌 / 주눅 / 피곤함 / 속상함

○ 제시한 감정들 중 내가 좋아하는 감정과 싫어하는 감정을 찾아 보세요.

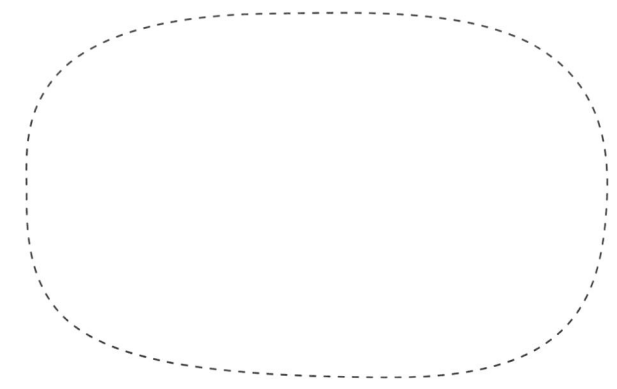

○ 좋아하는 이유와 싫어하는 이유를 써 보세요.
(예: '친숙함'을 좋아하는 건 그 느낌이 나를 안심시키기 때문이다 등)

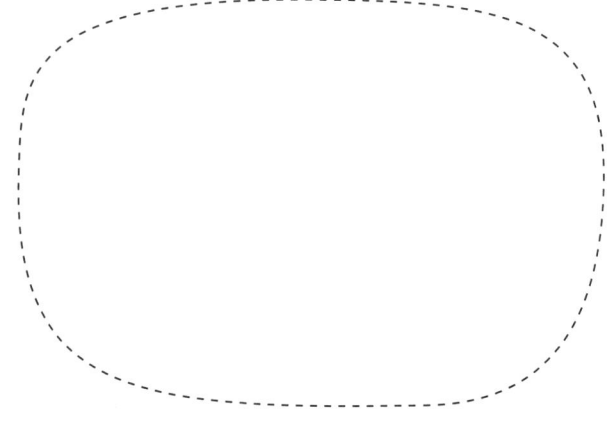

○ 반가움, 허탈함, 오매불망, 겸연쩍음, 친숙함을 각각 느낄 때 겉으로 드러나는 나의 생체반응이나 심리반응을 적어 보세요.

(예: 허탈함을 느끼는 순간 다리에 힘이 빠진다 등)

반가움 :

허탈함 :

오매불망 :

겸연쩍음 :

친숙함 :

○ 자기연민, 생경함, 안락함, 껄끄러운, 불만을 각각 느낄 때 겉으로 드러나는 나의 신체적 반응이나 심리반응을 적어 보세요. (예: 자기연민을 느낄 때 나는 어떤 사람인가란 질문을 하게 된다 등)

자기연민 :

생경함 :

안락함 :

껄끄러운 :

불만 :

○ 정겨움, 익숙함, 달뜸, 얄미움, 놀라움을 각각 느낄 때 겉으로 드러나는 나의 생체반응이나 심리반응을 적어 보세요.

(예: 놀라면 눈이 커지고 입이 벌어진다 등)

정겨움 :

익숙함 :

달뜸 :

얄미움 :

놀라움 :

○ 신경쓰임, 불쾌, 주눅, 피곤함, 속상함을 각각 느낄 때 겉으로 드러나는 나의 생체반응이나 심리반응을 적어 보세요.

(예: 신경이 쓰이면 머리를 벅벅 긁는 버릇이 있다 등)

신경쓰임 :

불쾌 :

주눅 :

피곤함 :

속상함 :

○ 오늘 또는 이번 주에 내 안에 오래 머물렀던 감정들을 적어 보세요. (예시에 없다면 직접 써 보세요.)

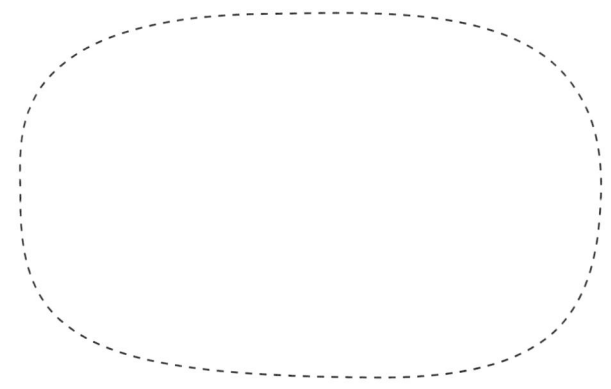

○ 그 감정을 느낀 상황을 간단한 문장으로 표현해 보세요.
(예: 야근 후 들어와 침대에 풀썩 누웠을 때 느껴지는 안락함이 좋다 등)

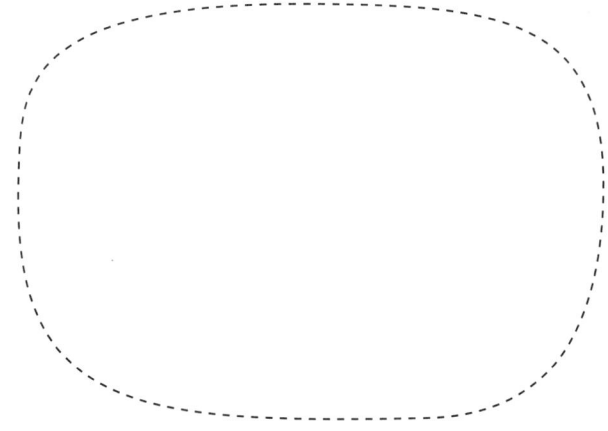

○ 제시한 감정들을 내가 아는 사람과 하나씩 연결해 보세요.
그 사람을 떠올리면 느껴지는 감정으로 연결하거나, 감정과
어울리는 사람을 묶어도 좋아요.

(예: 친구 이름-정겹다)

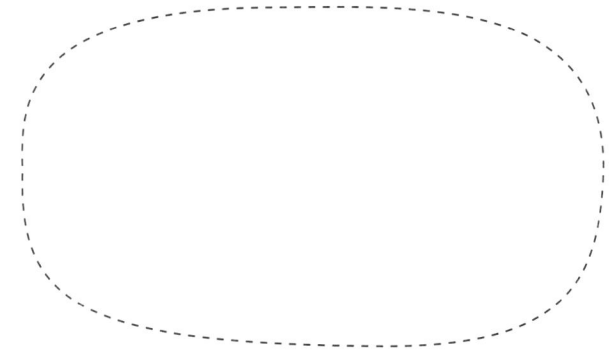

○ 감정과 사물을 연결해 보세요. 사물에게서 느껴지는 감정을
연결하거나, 사물과 어울리는 감정을 묶어도 좋아요.

(예: 얄미운 술병, 피곤한 구두 등)

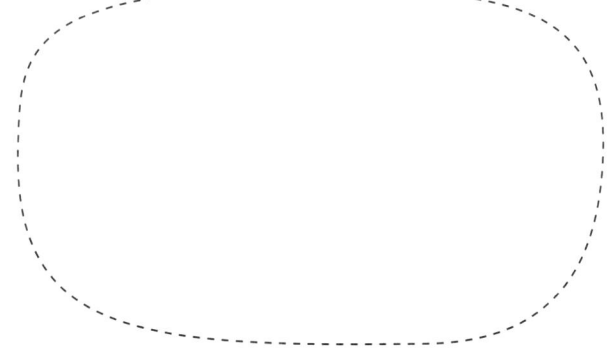

○ 반가움, 허탈함, 오매불망, 겸연쩍음, 친숙함 등은 각각 언제 어떤 상황에서 주로 느껴지나요? 짧은 문장으로 써 보세요.

(예: 오랜 친구는 언제 만나든 반갑다.)

반가움 :

허탈함 :

오매불망 :

겸연쩍음 :

친숙함 :

○ 자기연민, 생경함, 안락함, 껄끄러운, 불만 등은 각각 언제 어떤 상황에서 주로 느껴지나요? 짧은 문장으로 써 보세요.

(예: 연애가 끝나면 자주 자기연민에 빠진다.)

자기연민 :

생경함 :

안락함 :

껄끄러운 :

불만 :

○ 정겨움, 익숙함, 달뜸, 얄미움, 놀라움 등은 각각 언제 어떤 상황에서 주로 느껴지나요? 짧은 문장으로 써 보세요.

(예: 아무렇지도 않게 차별 발언하는 걸 듣고 있으면 놀랍다.)

정겨움 :

익숙함 :

달뜸 :

얄미움 :

놀라움 :

○ 신경쓰임, 불쾌, 주눅, 피곤함, 속상함 등은 각각 언제 어떤 상황에서 주로 느껴지나요? 짧은 문장으로 써 보세요.

(예: 나보다 빠른 성취를 이룬 친구 앞에서 종종 주눅이 든다.)

신경쓰임 :

불쾌 :

주눅 :

피곤함 :

속상함 :

긴 글쓰기 ①

○ 제시된 감정들 중 자신이 가장 다루기 힘든 감정을 고르세요. 그 감정을 떠올리면서 다음 질문에 답하세요.

• 그 감정을 느낄 때 가장 많이 하는 생각은 무엇인가요?

• 그 감정을 느낄 때 나는 어떤 행동이나 반응을 하나요?

• 그 감정을 자주 느끼게 하는 타인이 있나요? 있다면 이름과 관계를 써 보세요.

- 그 감정을 느끼게 하는 타인의 말이나 행동 또는 상황을 써 보세요.

- 그 감정을 내가 마음대로 할 수 있다면 어떻게 하고 싶은가요?

- 앞의 질문에 대한 답을 재료삼아, 가장 다루기 힘든 감정에 대해 친구에게 설명하듯 써 보세요.

긴 글 쓰기 ②

○ 다루기 힘든 감정과 관련해 가장 최근에 겪은 일을 떠올려 보세요. 인물, 대화, 공간과 시간적 배경, 사건 등으로 감정이 느껴진 실제 상황을 묘사해 보세요.

"욕망과 감정은 인간성의 용수철이다."

- H.J. 모링브룩

명랑한 / 속편함 / 겁남 / 미안함 / 거슬림
한심함 / 황당함 / 압박감 / 비통함 / 염려
엄숙함 / 졸음 / 울화 / 떨림 / 원망
불가해함 / 자기혐오 / 상냥함 / 설렘 / 미어짐

◯ 제시한 감정들 중 내가 좋아하는 감정과 싫어하는 감정을 찾아 보세요.

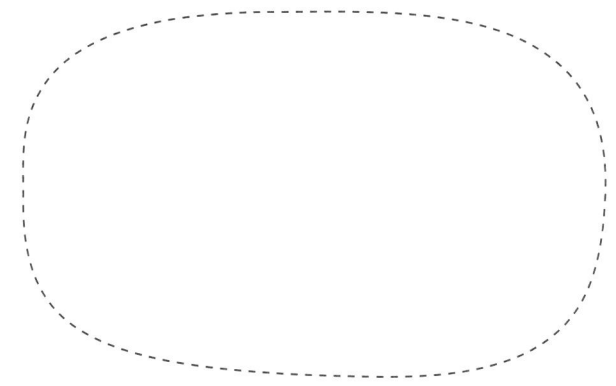

◯ 좋아하는 이유와 싫어하는 이유를 써 보세요. (예: 누군가를 지속적으로 '원망'하며 산다는 건 나에게도 힘든 일이어서 싫다 등)

○ 명랑한, 속편함, 겁남, 미안함, 거슬림을 각각 느낄 때 겉으로 드러나는 나의 생체반응이나 심리반응을 적어 보세요.

(예: 겁이 나면 사고처리가 느려진다 등)

명랑한 :

속편함 :

겁남 :

미안함 :

거슬림 :

◯ 한심함, 황당함, 압박감, 비통함, 염려를 각각 느낄 때 겉으로 드러나는 나의 신체적 반응이나 심리반응을 적어 보세요.

(예: 압박감을 느끼면 심장박동 수가 빨라진다 등)

한심함 :

황당함 :

압박감 :

비통함 :

염려 :

○ 엄숙함, 좋음, 울화, 떨림, 원망을 각각 느낄 때 겉으로 드러나는 나의 생체반응이나 심리반응을 적어 보세요.

(예: 떨리면 나도 모르게 두 손을 꼭 잡고 기도하는 모습이 된다 등)

엄숙함 :

좋음 :

울화 :

떨림 :

원망 :

◯ 불가해함, 자기혐오, 상냥함, 설렘, 미어짐을 각각 느낄 때
겉으로 드러나는 나의 생체반응이나 심리반응을 적어 보세요.

(예: 가슴이 미어질 때 심장 부근이 따끔따끔하다 등)

불가해함 :

자기혐오 :

상냥함 :

설렘 :

미어짐 :

○ 오늘 또는 이번 주에 내 안에 오래 머물렀던 감정들을 적어 보세요. (예시에 없다면 직접 써 보세요.)

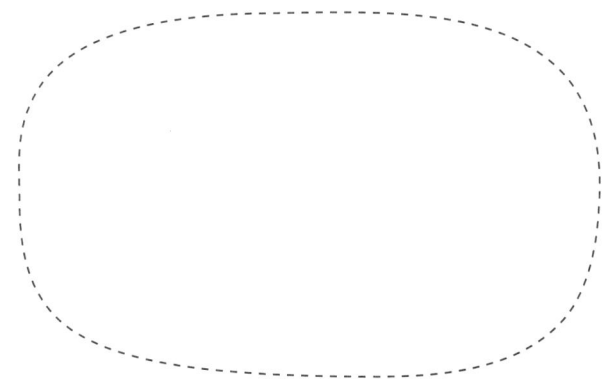

○ 그 감정을 느낀 상황을 간단한 문장으로 표현해 보세요.
(예: 옳지 않은 일인 줄 알면서 내 안전을 위해 침묵한 후 한동안 자기혐오에 시달렸다 등)

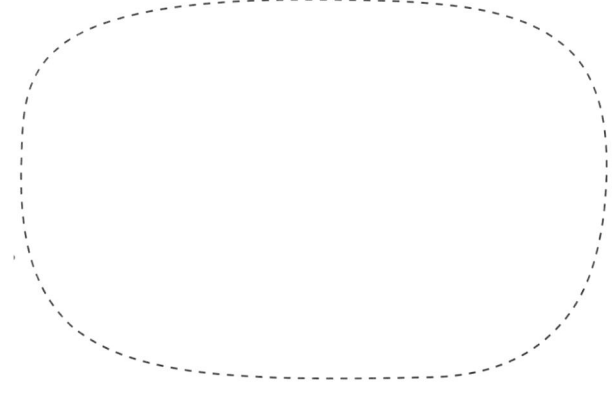

○ 제시한 감정들을 내가 아는 사람과 하나씩 연결해 보세요. 그 사람을 떠올리면 느껴지는 감정으로 연결하거나, 감정과 어울리는 사람을 묶어도 좋아요.

(예: 좋아하지 않는 친구 이름-거슬리다)

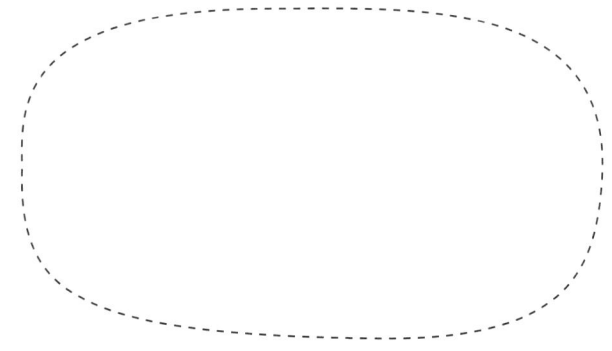

○ 감정과 사물을 연결해 보세요. 사물에게서 느껴지는 감정을 연결하거나, 사물과 어울리는 감정을 묶어도 좋아요.

(예: 불가해한 지도, 엄숙한 커피메이커, 리모콘의 압박감 등)

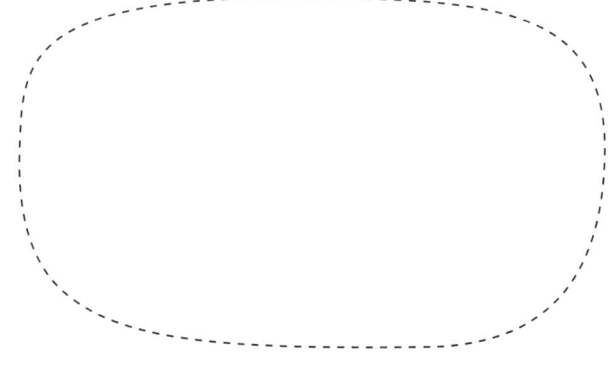

○ 명랑한, 속편함, 겁남, 미안함, 거슬림 등은 각각 언제 어떤 상황에서 주로 느껴지나요? 짧은 문장으로 써 보세요.

(예: 상대방이 싫어지자 그 사람이 음식 씹는 소리도 거슬린다.)

명랑한 :

속편함 :

겁남 :

미안함 :

거슬림 :

○ 한심함, 황당함, 압박감, 비통함, 염려 등은 각각 언제 어떤 상황에서 주로 느껴지나요? 짧은 문장으로 써 보세요.

(예: 가까운 이의 죽음을 경험하고 비통함에 빠졌다.)

한심함 :

황당함 :

압박감 :

비통함 :

염려 :

○ 엄숙함, 좋음, 울화, 떨림, 원망 등은 각각 언제 어떤 상황에서 주로 느껴지나요? 짧은 문장으로 써 보세요.

(예: 어렸을 때부터 억눌렸던 감정이 자극받았을 때 내 안에서 울화가 느껴진다.)

엄숙함 :

좋음 :

울화 :

떨림 :

원망 :

○ 불가해함, 자기혐오, 상냥함, 설렘, 미어짐 등은 각각 언제 어떤 상황에서 주로 느껴지나요? 짧은 문장으로 써 보세요.

(예: 반려동물 앞에서는 무조건 상냥해진다.)

불가해함 :

자기혐오 :

상냥함 :

설렘 :

미어짐 :

긴 글 쓰기 ①

○ 제시된 감정들 중 자신이 가장 다루기 힘든 감정을 고르세요. 그 감정을 떠올리면서 다음 질문에 답하세요.

• 그 감정을 느낄 때 가장 많이 하는 생각은 무엇인가요?

• 그 감정을 느낄 때 나는 어떤 행동이나 반응을 하나요?

• 그 감정을 자주 느끼게 하는 타인이 있나요? 있다면 이름과 관계를 써 보세요.

- 그 감정을 느끼게 하는 타인의 말이나 행동 또는 상황을 써 보세요.

- 그 감정을 내가 마음대로 할 수 있다면 어떻게 하고 싶은가요?

- 앞의 질문에 대한 답을 재료삼아, 가장 다루기 힘든 감정에 대해 친구에게 설명하듯 써 보세요.

긴 글 쓰기 ②

○ 다루기 힘든 감정과 관련해 가장 최근에 겪은 일을 떠올려 보세요. 인물, 대화, 공간과 시간적 배경, 사건 등으로 감정이 느껴진 실제 상황을 묘사해 보세요.

"감정은 우리의 정신적·사회적 삶의 풍경을
형성한다."

– 마사 C. 누스바움

**부드러움 / 전율 / 분통 / 막막함 / 의뭉스러움
억울함 / 홀가분함 / 약 오름 / 딱함 / 애정
증오 / 패닉 / 전전긍긍 / 복잡함 / 사악함
갈증 / 남사스러운 / 기시감 / 쑥스러움 / 안심**

◯ 제시한 감정들 중 내가 좋아하는 감정과 싫어하는 감정을 찾아 보세요.

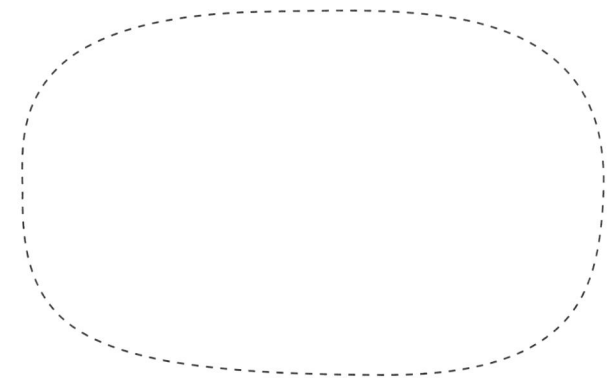

◯ 좋아하는 이유와 싫어하는 이유를 써 보세요.
(예: 사악한 느낌이 싫은데 나쁜 기운이 몸 안에 퍼지는 것 같아서다 등)

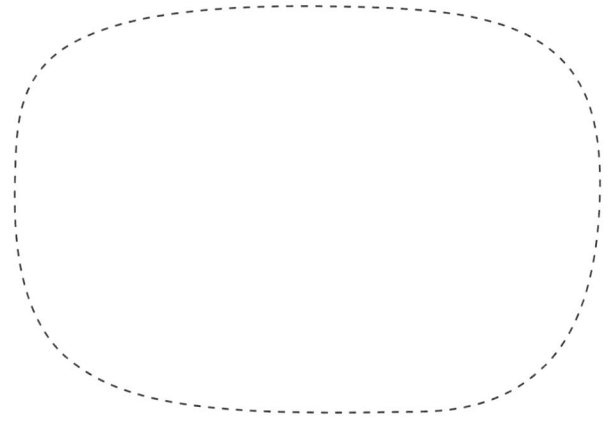

○ 부드러움, 전율, 분통, 막막함, 의뭉스러움을 각각 느낄 때 겉으로 드러나는 나의 생체반응이나 심리반응을 적어 보세요.

(예: 의뭉스러운 친구를 보면 얄미워서 나도 모르게 째려본다 등)

부드러움 :

전율 :

분통 :

막막함 :

의뭉스러움 :

○ 억울함, 홀가분함, 약 오름, 딱함, 애정을 각각 느낄 때 겉으로 드러나는 나의 신체적 반응이나 심리반응을 적어 보세요.

(예: 애정을 느낄 때 시선을 떼기 힘들다 등)

억울함 :

홀가분함 :

약 오름 :

딱함 :

애정 :

○ 증오, 패닉, 전전긍긍, 복잡함, 사악함을 각각 느낄 때 겉으로 드러나는 나의 생체반응이나 심리반응을 적어 보세요.

(예: 전전긍긍하며 손가락 끝을 계속 깨문다 등)

증오:

패닉:

전전긍긍:

복잡함:

사악함:

○ 갈증, 남사스러운, 기시감, 쑥스러움, 안심을 각각 느낄 때
  겉으로 드러나는 나의 생체반응이나 심리반응을 적어 보세요.
  (예: 쑥스러울 때는 고개를 숙인다 등)

갈증 :

남사스러운 :

기시감 :

쑥스러움 :

안심 :

○ 오늘 또는 이번 주에 내 안에 오래 머물렀던 감정들을 적어 보세요. (예시에 없다면 직접 써 보세요.)

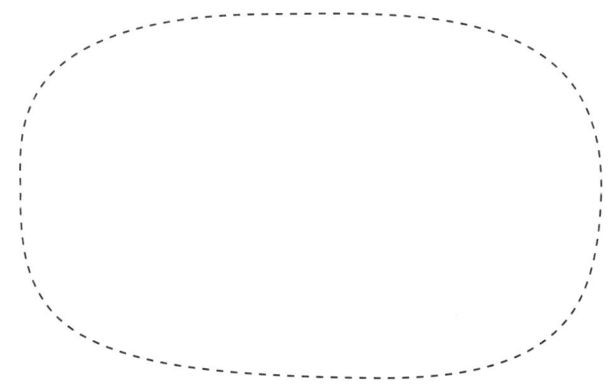

○ 그 감정을 느낀 상황을 간단한 문장으로 표현해 보세요.
(예: 요즘 바빠서 책도 못 읽고 영화도 못 봐서 문화적 갈증이 느껴졌다 등)

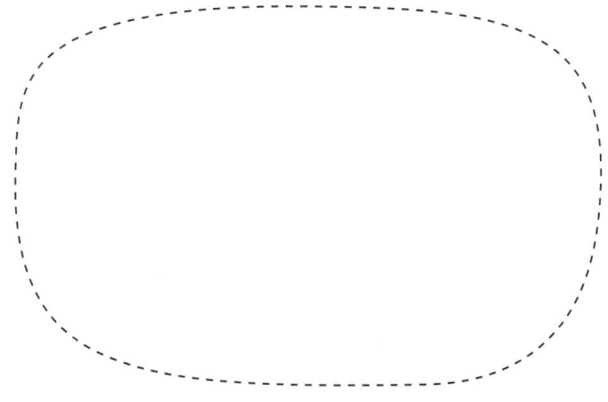

○ 제시한 감정들을 내가 아는 사람과 하나씩 연결해 보세요.
그 사람을 떠올리면 느껴지는 감정으로 연결하거나, 감정과
어울리는 사람을 묶어도 좋아요.

(예: 오랜 친구 이름-안심하다)

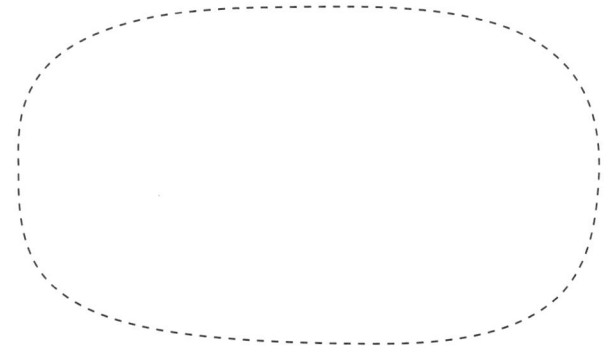

○ 감정과 사물을 연결해 보세요. 사물에게서 느껴지는 감정을
연결하거나, 사물과 어울리는 감정을 묶어도 좋아요.

(예: 전율하는 냉장고, 막막한 안경, 의뭉스러운 통조림 등)

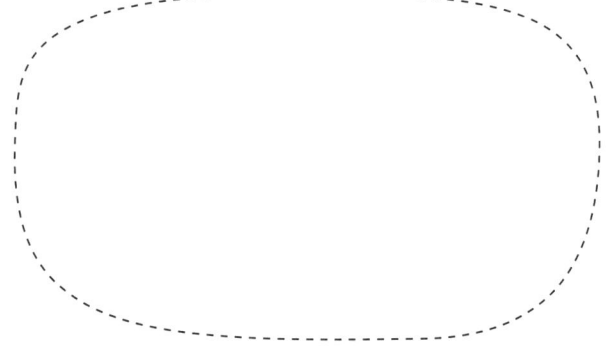

○ 부드러움, 전율, 분통, 막막함, 의뭉스러움 등은 각각 언제 어떤 상황에서 주로 느껴지나요? 짧은 문장으로 써 보세요.

(예: 마음이 따뜻한 사람이 나를 바라볼 때 부드러움이 느껴진다.)

부드러움 :

전율 :

분통 :

막막함 :

의뭉스러움 :

○ 억울함, 홀가분함, 약 오름, 딱함, 애정 등은 각각 언제 어떤 상황에서 주로 느껴지나요? 짧은 문장으로 써 보세요.

(예: 내가 잘못한 것보다 더 많이 욕을 먹은 것 같아서 억울했다.)

억울함 :

홀가분함 :

약 오름 :

딱함 :

애정 :

○ 증오, 패닉, 전전긍긍, 복잡함, 사악함 등은 각각 언제 어떤 상황에서 주로 느껴지나요? 짧은 문장으로 써 보세요.

(예: 밤새 준비한 발표자료 파일이 날아가서 패닉이 왔다.)

증오:

패닉:

전전긍긍:

복잡함:

사악함:

○ 갈증, 남사스러운, 기시감, 쑥스러움, 안심 등은 각각 언제 어떤 상황에서 주로 느껴지나요? 짧은 문장으로 써 보세요.

(예: 며칠 전에도 같은 말을 들은 것 같다는 기시감이 들었다.)

갈증 :

남사스러운 :

기시감 :

쑥스러움 :

안심 :

긴 글 쓰기 ①

○ 제시된 감정들 중 자신이 가장 다루기 힘든 감정을 고르세요. 그 감정을 떠올리면서 다음 질문에 답하세요.

• 그 감정을 느낄 때 가장 많이 하는 생각은 무엇인가요?

• 그 감정을 느낄 때 나는 어떤 행동이나 반응을 하나요?

• 그 감정을 자주 느끼게 하는 타인이 있나요? 있다면 이름과 관계를 써 보세요.

- 그 감정을 느끼게 하는 타인의 말이나 행동 또는 상황을 써 보세요.

- 그 감정을 내가 마음대로 할 수 있다면 어떻게 하고 싶은가요?

- 앞의 질문에 대한 답을 재료삼아, 가장 다루기 힘든 감정에 대해 친구에게 설명하듯 써 보세요.

긴 글 쓰기 ②

○ 다루기 힘든 감정과 관련해 가장 최근에 겪은 일을 떠올려 보세요. 인물, 대화, 공간과 시간적 배경, 사건 등으로 감정이 느껴진 실제 상황을 묘사해 보세요.

"감정은 표현할수록 새롭게 창조된다."

- 마거릿 클라크

평온함 / 회의감 / 향수 / 승리감 / 번거로움
속 터짐 / 어색함 / 서운함 / 고통 / 평화로움
우려 / 신비로운 / 어리둥절 / 담담함 / 쓸쓸함
비밀스러운 / 안달복달 / 환희 / 선망 / 믿음직함

○ 제시한 감정들 중 내가 좋아하는 감정과 싫어하는 감정을 찾아 보세요.

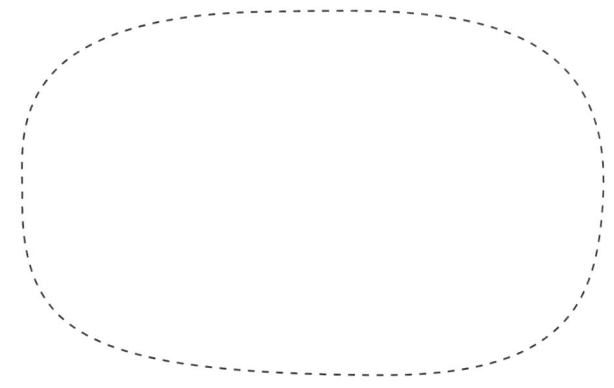

○ 좋아하는 이유와 싫어하는 이유를 써 보세요.
(예: 게으른 편이라서 번거로운 느낌을 좋아하지 않는다 등)

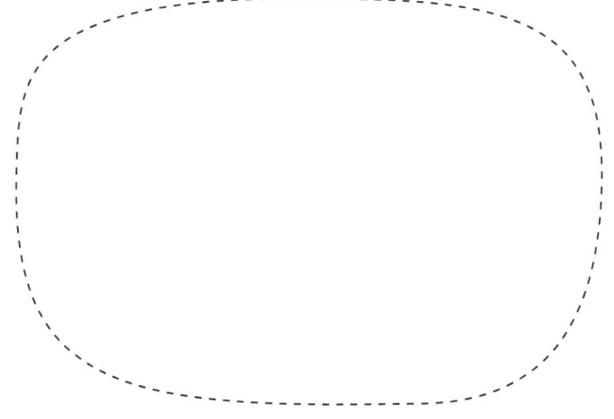

○ 평온함, 회의감, 향수, 승리감, 번거로움을 각각 느낄 때
  겉으로 드러나는 나의 생체반응이나 심리반응을 적어 보세요.
  (예: 평온함을 느낄 때면 나른하게 졸린다 등)

평온함 :

회의감 :

향수 :

승리감 :

번거로움 :

○ 속 터짐, 어색함, 서운함, 고통, 평화로움을 각각 느낄 때 겉으로 드러나는 나의 신체적 반응이나 심리반응을 적어 보세요. (예: 속이 터질 것 같을 때는 주먹으로 가슴을 친다 등)

속 터짐 :

어색함 :

서운함 :

고통 :

평화로움 :

○ 우려, 신비로운, 어리둥절, 담담함, 쓸쓸함을 각각 느낄 때
겉으로 드러나는 나의 생체반응이나 심리반응을 적어 보세요.
(예: 우려할 일이 많으면 어깨가 딱딱해진다 등)

우려 :

신비로운 :

어리둥절 :

담담함 :

쓸쓸함 :

○ 비밀스러운, 안달복달, 환희, 선망, 믿음직함을 각각 느낄 때 겉으로 드러나는 나의 생체반응이나 심리반응을 적어 보세요.

(예: 믿음직함이 느껴지면 기대고 싶어진다 등)

비밀스러운 :

안달복달 :

환희 :

선망 :

믿음직함 :

○ 오늘 또는 이번 주에 내 안에 오래 머물렀던 감정들을 적어 보세요. (예시에 없다면 직접 써 보세요.)

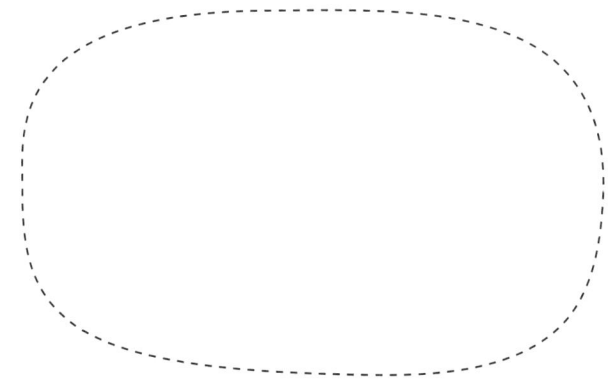

○ 그 감정을 느낀 상황을 간단한 문장으로 표현해 보세요.
(예: 모르는 사람이 나에게 반갑게 인사를 해서 어리둥절했다 등)

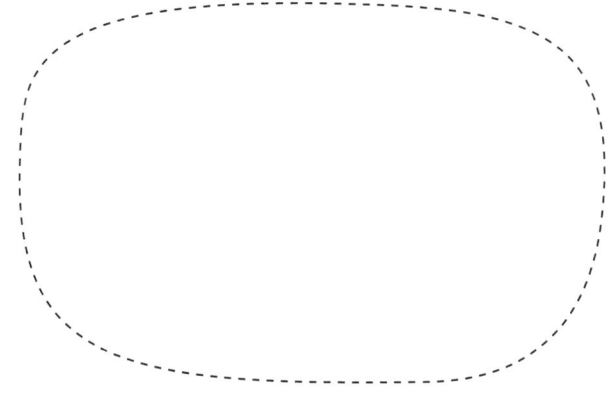

○ 제시한 감정들을 내가 아는 사람과 하나씩 연결해 보세요.
  그 사람을 떠올리면 느껴지는 감정으로 연결하거나, 감정과
  어울리는 사람을 묶어도 좋아요.

  (예: 옛 인연들 이름-어색하다)

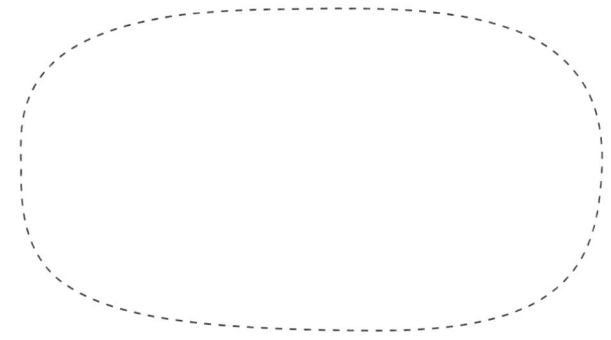

○ 감정과 사물을 연결해 보세요. 사물에게서 느껴지는 감정을
  연결하거나, 사물과 어울리는 감정을 묶어도 좋아요.

  (예: 안달복달하는 휴대폰, 승리감에 도취된 칫솔 등)

○ 평온함, 회의감, 향수, 승리감, 번거로움 등은 각각 언제 어떤 상황에서 주로 느껴지나요? 짧은 문장으로 써 보세요.

(예: 눈을 감고 파도소리를 듣고 있으면 평온해진다.)

평온함 :

회의감 :

향수 :

승리감 :

번거로움 :

○ 속 터짐, 어색함, 서운함, 고통, 평화로움 등은 각각 언제 어떤 상황에서 주로 느껴지나요? 짧은 문장으로 써 보세요.

(예: 도무지 좁힐 수 없는 정치적 입장에 속이 터진다.)

속 터짐 :

어색함 :

서운함 :

고통 :

평화로움 :

○ 우려, 신비로운, 어리둥절, 담담함, 쓸쓸함 등은 각각 언제 어떤 상황에서 주로 느껴지나요? 짧은 문장으로 써 보세요.

(예: 어차피 이렇게 된 거 그냥 받아들이자는 생각이 들자 담담해졌다)

우려 :

신비로운 :

어리둥절 :

담담함 :

쓸쓸함 :

○ 비밀스러운, 안달복달, 환희, 선망, 믿음직함 등은 각각 언제 어떤 상황에서 주로 느껴지나요? 짧은 문장으로 써 보세요.

(예: 평소와 달리 인기 공연 예매 전쟁에는 안달복달하게 된다.)

비밀스러운 :

안달복달 :

환희 :

선망 :

믿음직함 :

긴 글 쓰기 ①

○ 제시된 감정들 중 자신이 가장 다루기 힘든 감정을 고르세요. 그 감정을 떠올리면서 다음 질문에 답하세요.

• 그 감정을 느낄 때 가장 많이 하는 생각은 무엇인가요?

• 그 감정을 느낄 때 나는 어떤 행동이나 반응을 하나요?

• 그 감정을 자주 느끼게 하는 타인이 있나요? 있다면 이름과 관계를 써 보세요.

- 그 감정을 느끼게 하는 타인의 말이나 행동 또는 상황을 써 보세요.

- 그 감정을 내가 마음대로 할 수 있다면 어떻게 하고 싶은가요?

- 앞의 질문에 대한 답을 재료삼아, 가장 다루기 힘든 감정에 대해 친구에게 설명하듯 써 보세요.

긴 글 쓰기 ②

○ 다루기 힘든 감정과 관련해 가장 최근에 겪은 일을 떠올려 보세요. 인물, 대화, 공간과 시간적 배경, 사건 등으로 감정이 느껴진 실제 상황을 묘사해 보세요.

"감정은 진화가 우리 삶에
의미를 부여하는 방식이다."

- 고든 H. 바우어

**섬뜩함 / 짜릿함 / 미련 / 유치함 / 동정
애타는 / 자괴감 / 평정 / 해방감 / 결연함
열패감 / 무참함 / 희망 / 당당함 / 헛헛함
유감 / 후련함 / 모호함 / 심상함 / 뭉클함**

◯ 제시한 감정들 중 내가 좋아하는 감정과 싫어하는 감정을 찾아 보세요.

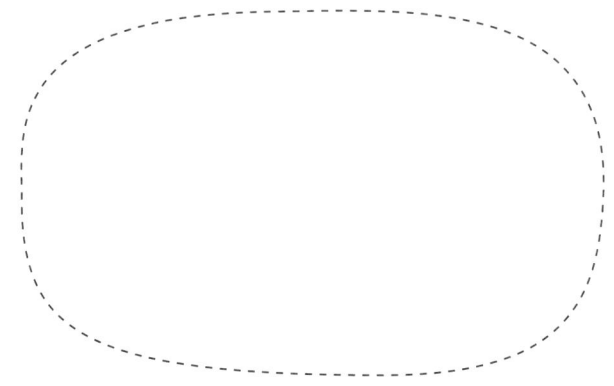

◯ 좋아하는 이유와 싫어하는 이유를 써 보세요.
(예: 희망을 느끼는 게 오히려 괴로울 때가 있다 등)

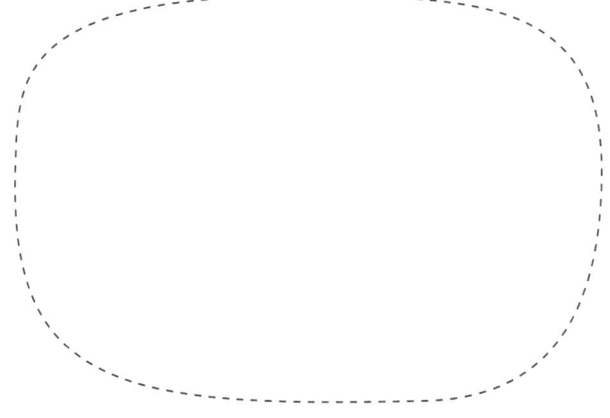

○ 섬뜩함, 짜릿함, 미련, 유치함, 동정을 각각 느낄 때 겉으로 드러나는 나의 생체반응이나 심리반응을 적어 보세요.

(예: 섬뜩함이 느껴질 때는 체온이 내려간다 등)

섬뜩함 :

짜릿함 :

미련 :

유치함 :

동정 :

○ 애타는, 자괴감, 평정, 해방감, 결연함을 각각 느낄 때 겉으로 드러나는 나의 신체적 반응이나 심리반응을 적어 보세요.

(예: 애가 탈 때는 입 안이 바짝바짝 마른다 등)

애타는 :

자괴감 :

평정 :

해방감 :

결연함 :

◯ 열패감, 무참함, 희망, 당당함, 헛헛함을 각각 느낄 때 겉으로 드러나는 나의 생체반응이나 심리반응을 적어 보세요.

(예: 헛헛함이 느껴지면 뭔가 먹고 싶어진다 등)

열패감 :

무참함 :

희망 :

당당함 :

헛헛함 :

○ 유감, 후련함, 모호함, 심상함, 뭉클함을 각각 느낄 때 겉으로 드러나는 나의 생체반응이나 심리반응을 적어 보세요.

(예: 유감스러울 때는 어떻게 표현해야 할지 고민하게 된다 등)

유감 :

후련함 :

모호함 :

심상함 :

뭉클함 :

○ 오늘 또는 이번 주에 내 안에 오래 머물렀던 감정들을 적어 보세요. (예시에 없다면 직접 써 보세요.)

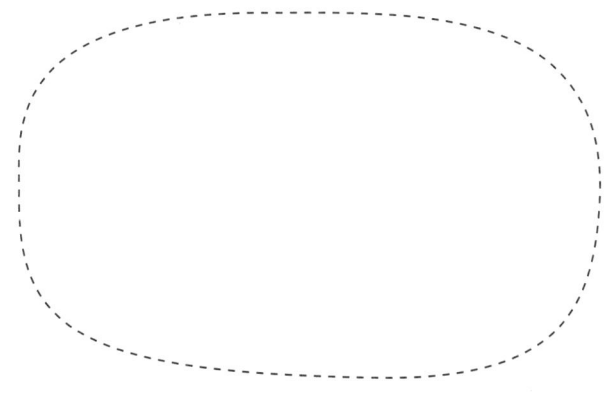

○ 그 감정을 느낀 상황을 간단한 문장으로 표현해 보세요.
(예: 내 의견이 완전히 무시되는 걸 느끼고 무참해졌다 등)

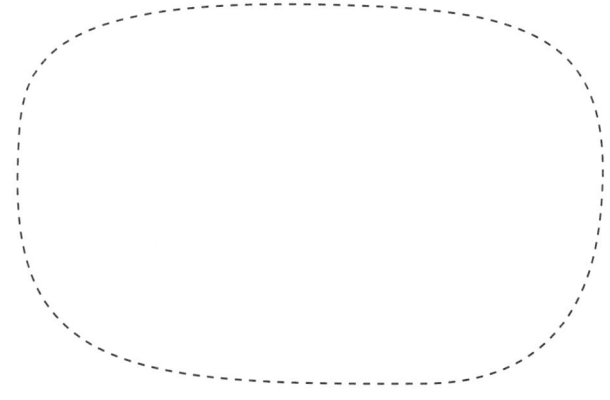

○ 제시한 감정들을 내가 아는 사람과 하나씩 연결해 보세요.
   그 사람을 떠올리면 느껴지는 감정으로 연결하거나, 감정과
   어울리는 사람을 묶어도 좋아요. (예: 어려움을 잘 이겨낸 지인-희망)

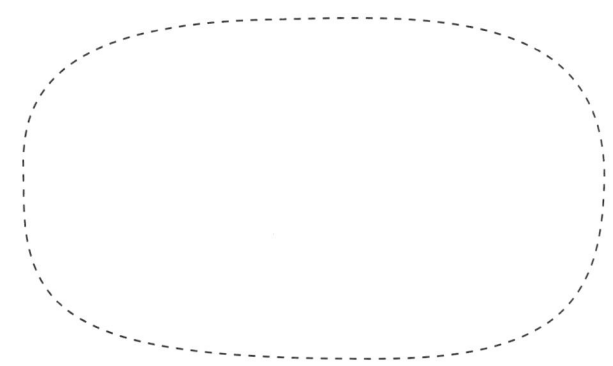

○ 감정과 사물을 연결해 보세요. 사물에게서 느껴지는 감정을
   연결하거나, 사물과 어울리는 감정을 묶어도 좋아요.

   (예: 자괴감을 느끼는 달, 뭉클해진 장미 등)

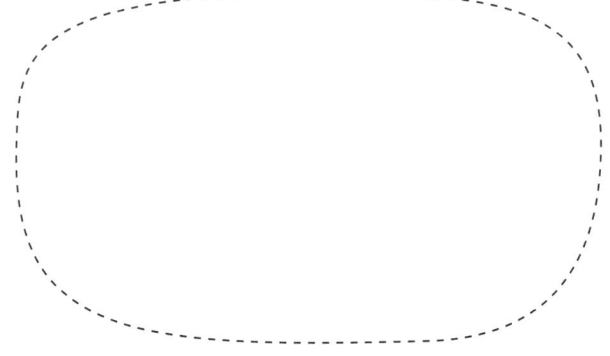

○ 섬뜩함, 짜릿함, 미련, 유치함, 동정 등은 각각 언제 어떤 상황에서 주로 느껴지나요? 짧은 문장으로 써 보세요.

(예: 지금이라면 더 잘할 수 있을 것 같은 일과 관계에 미련이 생긴다.)

섬뜩함 :

짜릿함 :

미련 :

유치함 :

동정 :

○ 애타는, 자괴감, 평정, 해방감, 결연함 등은 각각 언제 어떤 상황에서 주로 느껴지나요? 짧은 문장으로 써 보세요.

(예: 같은 잘못을 저지르고 있는 나를 발견할 때 자괴감이 든다.)

애타는 :

자괴감 :

평정 :

해방감 :

결연함 :

○ 열패감, 무참함, 희망, 당당함, 헛헛함 등은 각각 언제 어떤 상황에서 주로 느껴지나요? 짧은 문장으로 써 보세요.

(예: 어쨌든 최선을 다하고 나면 결과에 상관없이 당당하다.)

열패감 :

무참함 :

희망 :

당당함 :

헛헛함 :

○ 유감, 후련함, 모호함, 심상함, 뭉클함 등은 각각 언제 어떤 상황에서 주로 느껴지나요? 짧은 문장으로 써 보세요.

(예: 내가 없는 곳에서 날 생각했다는 얘기를 들으면 뭉클하다.)

유감 :

후련함 :

모호함 :

심상함 :

뭉클함 :

긴 글 쓰기 ①

○ 제시된 감정들 중 자신이 가장 다루기 힘든 감정을 고르세요. 그 감정을 떠올리면서 다음 질문에 답하세요.

• 그 감정을 느낄 때 가장 많이 하는 생각은 무엇인가요?

• 그 감정을 느낄 때 나는 어떤 행동이나 반응을 하나요?

• 그 감정을 자주 느끼게 하는 타인이 있나요? 있다면 이름과 관계를 써 보세요.

- 그 감정을 느끼게 하는 타인의 말이나 행동 또는 상황을 써 보세요.

- 그 감정을 내가 마음대로 할 수 있다면 어떻게 하고 싶은가요?

- 앞의 질문에 대한 답을 재료삼아, 가장 다루기 힘든 감정에 대해 친구에게 설명하듯 써 보세요.

긴 글 쓰기 ②

○ 다루기 힘든 감정과 관련해 가장 최근에 겪은 일을 떠올려 보세요. 인물, 대화, 공간과 시간적 배경, 사건 등으로 감정이 느껴진 실제 상황을 묘사해 보세요.

"어떤 면에서는 글쓰기가 감정을 창조하기도 한다."
- 조이스 캐럴 오츠

진저리나는 / 곤혹스러운 / 활기찬 / 눈물겨운 / 가벼움
난감함 / 든든한 / 흔쾌한 / 배신감 / 북받침
권태로운 / 고무적인 / 착잡함 / 신남 / 서글픔
야속함 / 감미로운 / 끔찍함 / 열렬함 / 그리움

○ 제시한 감정들 중 내가 좋아하는 감정과 싫어하는 감정을 찾아 보세요.

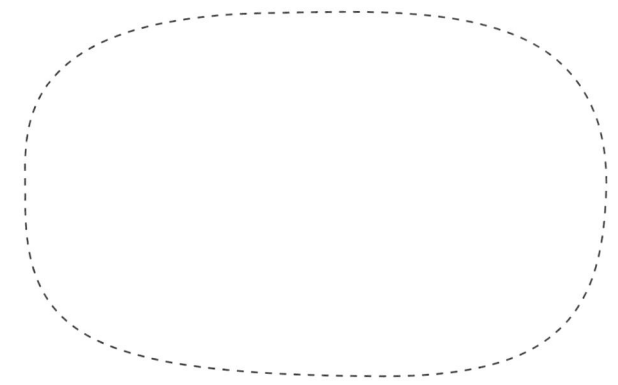

○ 좋아하는 이유와 싫어하는 이유를 써 보세요.
  (예: 고무되는 걸 좋아하는데 의욕이 생기기 때문이다 등)

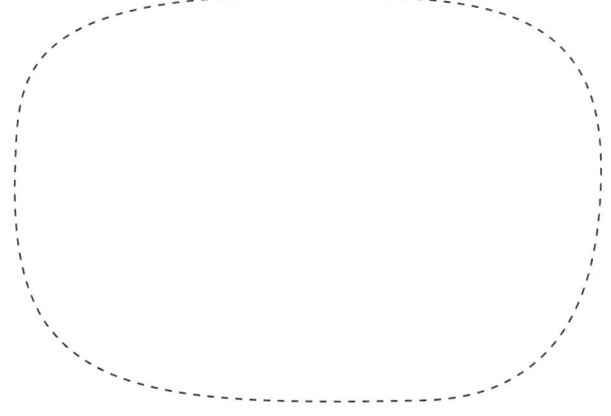

○ 진저리나는, 곤혹스러운, 활기찬, 눈물겨운, 가벼움을 각각
느낄 때 겉으로 드러나는 나의 생체반응이나 심리반응을
적어 보세요. (예: 진저리나는 대상으로부터 최대한 멀리 떨어져 앉는다 등)

진저리나는 :

곤혹스러운 :

활기찬 :

눈물겨운 :

가벼움 :

○ 난감함, 든든한, 흔쾌한, 배신감, 북받침을 각각 느낄 때 겉으로 드러나는 나의 신체적 반응이나 심리반응을 적어 보세요. (예: 북받치면 늘 목이 아프다 등)

난감함 :

든든한 :

흔쾌한 :

배신감 :

북받침 :

○ 권태로운, 활기찬, 착잡함, 신남, 서글픔을 각각 느낄 때 겉으로 드러나는 나의 생체반응이나 심리반응을 적어 보세요.

(예: 신이 나면 나도 모르게 흥얼흥얼 노래를 부른다 등)

권태로운 :

활기찬 :

착잡함 :

신남 :

서글픔 :

○ 야속함, 감미로운, 끔찍함, 열렬함, 그리움을 각각 느낄 때
  겉으로 드러나는 나의 생체반응이나 심리반응을 적어 보세요.

  (예: 그리움이 느껴지면 골라 듣는 노래가 있다 등)

야속함 :

감미로운 :

끔찍함 :

열렬함 :

그리움 :

○ 오늘 또는 이번 주에 내 안에 오래 머물렀던 감정들을 적어 보세요. (예시에 없다면 직접 써 보세요.)

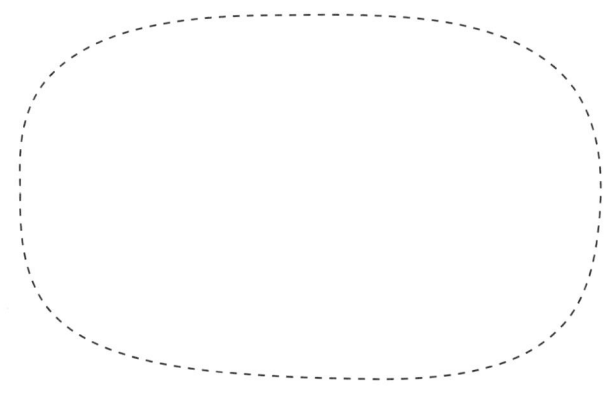

○ 그 감정을 느낀 상황을 간단한 문장으로 표현해 보세요.
(예: 새 친구를 사귀고 일상이 활기차졌다 등)

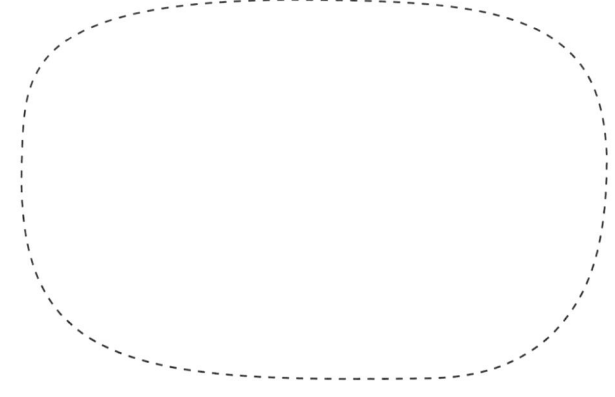

○ 제시한 감정들을 내가 아는 사람과 하나씩 연결해 보세요. 그 사람을 떠올리면 느껴지는 감정으로 연결하거나, 감정과 어울리는 사람을 묶어도 좋아요.

(예: 만날 수 없는 사람-그립다)

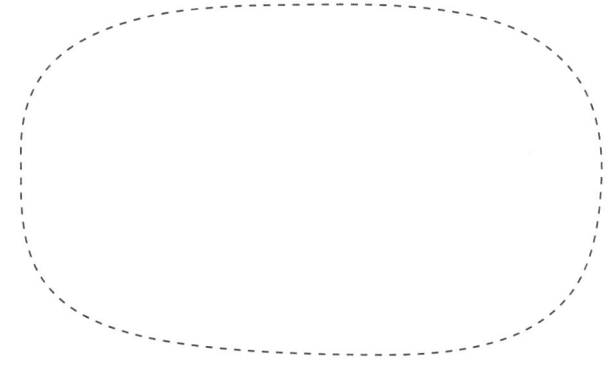

○ 감정과 사물을 연결해 보세요. 사물에게서 느껴지는 감정을 연결하거나, 사물과 어울리는 감정을 묶어도 좋아요.

(예: 진저리나는 알람시계, 전철의 야속함, 권태로운 다이어리 등)

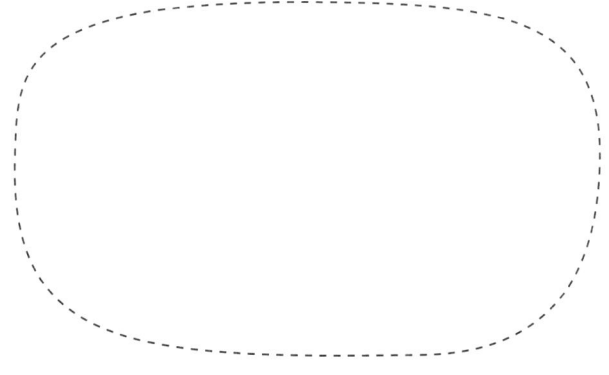

○ 진저리나는, 곤혹스러운, 활기찬, 눈물겨운, 가벼움 등은 각각 언제 어떤 상황에서 주로 느껴지나요? 짧은 문장으로 써 보세요.(예: 들어줄 수 없는 부탁을 받게 되면 곤혹스럽다.)

진저리나는 :

곤혹스러운 :

활기찬 :

눈물겨운 :

가벼움 :

○ 난감함, 든든한, 흔쾌한, 배신감, 북받침 등은 각각 언제 어떤 상황에서 주로 느껴지나요? 짧은 문장으로 써 보세요.

(예: 월급날을 며칠 앞두고 생활비가 다 떨어져 난감하다.)

난감함:

든든한:

흔쾌한:

배신감:

북받침:

○ 권태로운, 활기찬, 착잡함, 신남, 서글픔 등은 각각 언제 어떤 상황에서 주로 느껴지나요? 짧은 문장으로 써 보세요.

(예: 친한 동료가 사표를 쓴 날 종일 기분이 착잡했다.)

권태로운 :

활기찬 :

착잡함 :

신남 :

서글픔 :

○ 야속함, 감미로운, 끔찍함, 열렬함, 그리움 등은 각각 언제 어떤 상황에서 주로 느껴지나요? 짧은 문장으로 써 보세요.
(예: 매일 뉴스를 보고 있으면 끔찍하다.)

야속함 :

감미로운 :

끔찍함 :

열렬함 :

그리움 :

긴 글 쓰기 ①

○ 제시된 감정들 중 자신이 가장 다루기 힘든 감정을 고르세요.
  그 감정을 떠올리면서 다음 질문에 답하세요.

• 그 감정을 느낄 때 가장 많이 하는 생각은 무엇인가요?

• 그 감정을 느낄 때 나는 어떤 행동이나 반응을 하나요?

• 그 감정을 자주 느끼게 하는 타인이 있나요? 있다면 이름과 관계를 써 보세요.

- 그 감정을 느끼게 하는 타인의 말이나 행동 또는 상황을 써 보세요.

- 그 감정을 내가 마음대로 할 수 있다면 어떻게 하고 싶은가요?

- 앞의 질문에 대한 답을 재료삼아, 가장 다루기 힘든 감정에 대해 친구에게 설명하듯 써 보세요.

긴 글 쓰기 ②

○ 다루기 힘든 감정과 관련해 가장 최근에 겪은 일을 떠올려 보세요. 인물, 대화, 공간과 시간적 배경, 사건 등으로 감정이 느껴진 실제 상황을 묘사해 보세요.

에필로그

이름 없는 감정

아직 이름 없는 감정, 한 단어로는 적확하게
표현되지 않는 감정들이 있나요?
그런 감정이 들 때마다 몇 단어를 묶어 보거나,
문장으로 표현하거나,
어떤 감정과 비슷하지만 다른 부분을
기록해 보세요.

예1) 배신감+분노+서글픔이 섞인 감정

예2) 부끄러웠지만 동시에 안도감이 들었다.

예3) 단순히 화가 나는 게 아니라 어이없고 기가 막힌 기분이었다.

감정 노트북: 천 개의 감정, 천 개의 표현

지은이 김지승 | 펴낸이 유재건 | 펴낸곳 엑스플렉스(X-PLEX)
등록번호 105-91-96264호 | 주소 서울시 마포구 와우산로 180 (4층 402호)
대표전화 02-334-1412 | 팩스 02-334-1413
초판 1쇄 인쇄 2017년 2월 10일 | 초판 1쇄 발행 2017년 2월 15일

xbooks는 엑스플렉스의 출판브랜드입니다. 이 도서의 국립중앙도서관 출판예정도서 목록(CIP)은 서지정보유통지원시스템 홈페이지(http://seoji.nl.go.kr)와 국가자료공동목록시스템(http://www.nl.go.kr/kolisnet)에서 이용하실 수 있습니다. (CIP제어번호: CIP2017001514)
ISBN 979-11-86846-13-1   13800